史記菁華錄

冊三

司馬遷 著

白山出版社

張晏曰：『軍行以車爲陣，轅相向爲門，故曰轅門。』

(承上冊)

原文 項羽已殺卿子冠軍，威震楚國，名聞諸侯。乃遣當陽君、蒲將軍將卒二萬渡河，救鉅鹿。戰少利，陳餘復請兵。項羽乃悉引兵渡河，皆沈船，破釜甑，燒廬舍，持三日糧，以示士卒必死，無一還心。於是至則圍王離，與秦軍遇，九戰，絕其甬道，大破之，殺蘇角，虜王離。涉間不降楚，自燒殺。

當是時，楚兵冠諸侯。諸侯軍救鉅鹿下者十餘壁，莫敢縱兵。及楚擊秦，諸將皆從壁上觀。楚戰士無不一以當十，楚兵呼聲動天，諸侯軍無不人人惴恐。於是已破秦軍，項羽召見諸侯將，入轅門，無不膝行而前，莫敢仰視。項羽由是始爲諸侯上將軍，諸侯皆屬焉。

譯文 項羽殺死卿子冠軍之後，名聲威震楚國，就連各地諸侯都知道了這件事。他便派遣當陽君、蒲將軍率領兩萬士兵渡過黃河，援救鉅鹿。戰事稍有勝利，陳餘又向項羽請求援兵。項羽就親自率領全軍渡河，他們鑿沉船隻，砸破炊具，燒毀營舍，衹攜帶了三天的口糧，以此來表示將士們拼死決戰的鬥志，沒有一個有活着回來的打算。這樣以後，軍隊剛到就圍困住了王離。與秦軍相遇，打了九仗，截斷了秦軍的甬道，大敗秦軍，殺死蘇角，俘獲了王離。涉間不向楚軍投降，最後自焚而死。

這時候，楚軍勇冠諸侯。援救鉅鹿的諸侯軍一共有十多個營壘，所有的軍隊都不敢輕易出戰。等到楚軍攻打秦軍的時候，諸侯將領都站在營壘上靜觀其變。每個楚軍戰士都以一敵十，楚兵叫喊聲響徹天際，諸侯的士兵們看着這樣的場面無不膽戰心驚。楚軍打敗秦軍之後，項羽召見各諸侯將領，諸侯在進入轅門的時候，全部跪在地上前進，不敢抬頭仰視項羽。從此，項羽成爲諸侯軍中的上將軍，各路諸侯都聽命於他。

鑄釜圖

釜與甑都是當時的炊具，釜近似於今天的鍋。

服虔云：『金城縣所治。』蘇林曰：『在上郡。』崔浩云：『蒙恬樹榆爲塞也。』

服虔曰：『漳水津也。』張晏曰：『三户，地名，在梁淇西南。』

原文

章邯軍棘原，項羽軍漳南，相持未戰。秦軍數卻，二世使人讓章邯。章邯恐，使長史欣請事。至咸陽，留司馬門三日，趙高不見，有不信之心。長史欣恐，還走其軍，不敢出故道，趙高果使人追之，不及。欣至軍，報曰：『趙高用事於中，下無可爲者。今戰能勝，高必疾妒吾功；戰不能勝，不免於死。願將軍孰計之。』陳餘亦遺章邯書曰：『白起爲秦將，南征鄢、郢，北阬馬服，攻城略地，不可勝計，而竟賜死。蒙恬爲秦將，北逐戎人，開榆中地數千里，竟斬陽周。何者？功多，秦不能盡封，因以法誅之。今將軍爲秦將三歲矣，所亡失以十萬數，而諸侯并起滋益多。彼趙高素諛日久，今事急，亦恐二世誅之，故欲以法誅將軍以塞責，使人更代將軍以脱其禍。夫將軍居外久，多内卻，有功亦誅，無功亦誅。且天之亡秦，無愚智皆知之。今將軍内不能直諫，外爲亡國將，孤特獨立而欲常存，豈不哀哉！將軍何不還兵與諸侯爲從，約共攻秦，分王其地，南面稱孤；此孰與身伏斧質，妻子爲僇乎？』章邯狐疑，陰使候始成使項羽，欲約。約未成，項羽使蒲將軍日夜引兵度三戶，軍漳南，與秦戰，再破之。項羽悉引兵擊秦軍汙水上，大破之。

譯文

章邯的軍隊駐扎在棘原，項羽駐扎在漳水南岸，兩軍對峙而立，沒有交戰。秦軍多次退卻，二世派人前來指責章邯統軍不利。章邯很擔心，立即派長史司馬欣去向二世請示。到了咸陽，司馬欣留在司馬門三天，趙高始終不肯接見，表現出一種不信任的意思。長史司馬欣很擔心，趕緊逃回軍中。他怕有人來追殺自己，逃回軍中的時候沒敢走原路。趙高真的派人去追趕他，衹是沒有追上。司馬欣回到軍中，向章邯報告說：『趙高在朝中執政，下面的人沒有誰敢擅自行動。現在如果我們這場仗能打贏，趙高一定會嫉妒我們的功勞；如果我們這場仗打不贏，一定免不了一死。希望將軍能夠仔細考慮對策。』陳餘也送給章邯一封信説：『白起擔任秦將，向南攻拔鄢、郢，向北坑殺馬服，攻城略地，戰功無數，而最後竟然被賜死。蒙恬身爲秦將，向北驅逐匈奴，開辟榆中幾千里的地域，最後落得個

戰國大將白起

白起是戰國時期最爲顯赫的大將。他大破楚軍，攻入郢都，迫使楚國遷都，楚國從此一蹶不振。伊闕之戰又殲滅韓魏二十四萬聯軍，徹底掃平秦軍東進之路。長平一戰一舉殲滅趙軍四十五萬人，開創了我國歷史上最早、規模最大的包圍殲敵戰先例。他身經大小七十餘戰，沒有敗績。

被斬於陽周的下場。這是爲什麼呢？因爲他們功勞太多，秦國不能論功行賞，反而因此羅織罪名，想盡辦法用國法殺死他們。現在將軍您在秦國擔任將領三年了，所損失的士兵數以十萬計，而諸侯軍也在這個時候一起起來反抗，而且越來越多。那趙高一向諂媚，他的行爲爲時已久，眼下形勢危急，他也擔心二世殺他，所以打算用計將將軍殺死，這樣就能夠推卸責任，再另外派人替代將軍，想要通過這種辦法來爲自己擺脫禍患。將軍在外征戰的時間太久，朝廷中很多人都與你產生隔閡，這樣一來，無論你是有功還是無功，都要被殺。更何況現在是上天要秦國滅亡，無論是愚鈍的人還是聰明的人全都知道。現在將軍在內不能直言規諫，在外是一個即將滅亡的國家的將領，孤立無援卻想要長期存在，豈不是很可悲！將軍爲什麼不將自己的軍隊與各路諸侯聯合，倒戈相向，與諸侯簽訂和約，共同進攻秦國，割地爲王，面南而坐，稱孤道寡；這同自己伏砧受戮，妻子兒女被殺，哪個比較好呢？』章邯仍然狐疑不定，私下派軍侯始成到項羽營中，想要與項羽簽署和約。和約還沒有談妥的時候，項羽讓蒲將軍連夜領兵渡過三戶津，扎營漳水南岸，與秦軍展開浴血奮戰，又一次打敗了秦軍。項羽率領全軍士兵在汙水上痛擊秦軍，把秦軍打得大敗。

原文 章邯使人見項羽，欲約。項羽召軍吏謀曰：『糧少，欲聽其約。』軍吏皆曰：『善。』項羽乃與期洹水南殷虛上。已盟，章邯見項羽而流涕，爲言趙高。項羽乃立章邯爲雍王，置楚軍中。使長史欣爲上將軍，將秦軍爲前行。

到新安，諸侯吏卒異時故徭使屯戍過秦中，秦中吏卒遇之多無狀，及秦軍降諸侯，諸侯吏卒乘勝多奴虜使之，輕折辱秦吏卒。秦吏卒多竊言曰：『章將軍等詐吾屬降諸侯，今能入關破秦，大善；即不能，諸侯虜吾屬而東，秦必盡誅吾父母妻子。』諸將微聞其計，以告項羽。

括地志云：『新安故城在洛州澠池縣東一十三里，漢新安縣城也。即阬秦卒處。』

徐廣曰：『二世三年七月也。』

活埋秦降卒

項羽乃召黥布、蒲將軍計曰：『秦吏卒尚眾，其心不服，至關中不聽，事必危，不如擊殺之，而獨與章邯、長史欣、都尉翳入秦。』於是楚軍夜擊阬秦卒二十餘萬人新安城南。

譯文 章邯派人去拜見項羽，打算與項羽簽訂和約。項羽召集軍吏商量說：『軍中糧少，我準備按照他所說的，與他簽訂和約。』軍吏都說：『好。』項羽就與章邯約定在洹水南岸的殷墟相見。二人締結了盟約之後，章邯看見項羽，涕泪交下，向項羽控訴着趙高的種種不齒行徑。項羽立章邯爲雍王，將他安置在楚軍營中，任命長史司馬欣爲上將軍，率領秦軍爲先行部隊。

到達新安之後，過去曾服徭役、屯戍邊地的諸侯的士兵們在路過秦中的時候，秦中官兵對他們多有凌辱。等到秦軍投降了諸侯軍之後，諸侯軍的士兵們乘着戰爭勝利的機會，像對待奴隸和俘虜一樣地對待秦兵，動輒折磨侮辱秦軍士兵。秦軍士兵大多在私下議論說：『章將軍等人欺騙我們向諸侯軍投降，現在假如能夠入關破秦，當然是很好的事情；假如不能，諸侯軍俘虜我們東去，秦國一定會將我們的父母妻子兒女全部處死。』諸侯軍的將領們暗中聽到了他們的對話，向項羽報告了這件事情。項羽就找來黥布、蒲將軍謀劃說：『秦軍官兵人數眾多，他們心裏并沒有誠心歸順，如果軍隊行至關中秦軍不聽從命令，到那時事情就很危險了，不如現在出擊殺掉他們，而衹與章邯、長史司馬欣、都尉董翳等人一起入秦。』於是，楚軍在夜裏將二十多萬秦國士兵全部處死，然後掩埋在新安城南。

原文 行略定秦地。函谷關有兵守關，不得入。又聞沛公已破咸陽，項羽大怒，使當陽君等擊關。項羽遂入，至於戲西。沛公軍霸上，未得與項羽相見。沛公左司馬曹無傷使人言於項羽曰：『沛公欲王關中，使子嬰爲相，珍寶盡有之。』項羽大怒，曰：『旦日饗士卒，爲擊破

文穎曰：『時關在弘農縣衡山嶺，今移在河南穀城縣。』

沛公軍！』當是時，項羽兵四十萬，在新豐鴻門，沛公兵十萬，在霸上。范增說項羽曰：『沛公居山東時，貪於財貨，好美姬。今入關，財物無所取，婦女無所幸，此其志不在小。吾令人望其氣，皆爲龍虎，成五采，此天子氣也。急擊勿失。』

孟康曰：『在新豐東十七里，舊大道北下阪口名也。』

楚左尹項伯者，項羽季父也，素善留侯張良。張良是時從沛公，項伯乃夜馳之沛公軍，私見張良，具告以事，欲呼張良與俱去。曰：『毋從俱死也。』張良曰：『臣爲韓王送沛公，沛公今事有急，亡去不義，不可不語。』良乃入，具告沛公。沛公大驚，曰：『爲之柰何？』張良曰：『誰爲大王爲此計者？』曰：『鯫生說我曰「距關，毋內諸侯，秦地可盡王也」。故聽之。』良曰：『料大王士卒足以當項王乎？』沛公默然，曰：『固不如也，且爲之柰何？』張良曰：『請往謂項伯，言沛公不敢背項王也。』沛公曰：『君安與項伯有故？』張良曰：『秦

徐廣曰：『鯫音士垢反，魚名。』

時與臣游，項伯殺人，臣活之。今事有急，故幸來告良。』沛公曰：『孰與君少長？』良曰：『長於臣。』沛公曰：『君爲我呼入，吾得兄事之。』張良出，要項伯。項伯即入見沛公。沛公奉卮酒爲壽，約爲婚姻，曰：『吾入關，秋毫不敢有所近，籍吏民，封府庫，而待將軍。所以遣將守關者，備他盜之出入與非常也。日夜望將軍至，豈敢反乎！原伯具言臣之不敢倍德也。』項伯許諾。謂沛公曰：『旦日不可不蚤自來謝項王。』沛公曰：『諾。』於是項伯復夜去，至軍中，具以沛公言報項王。因言曰：『沛公不先破關中，公豈敢入乎？今人有大功而擊之，不義也，不如因善遇之。』項王許諾。

譯文

項羽準備攻取秦國的關中地帶。秦國函谷關有重兵把守，項羽的軍隊不能進去。項羽又聽說沛公已經攻破咸陽，震怒，立即派當陽君等叩關。項羽這才得以進入函谷關，來到戲水西岸。沛公在霸上駐扎軍隊，沒能和項羽相見。沛公左司馬曹無傷派人對項羽說：『沛公想要在關中稱王，任命

子嬰爲相國，還占據了全部的奇珍異寶。』項羽怒氣衝天地說：『明天早晨士兵們都吃得飽飽的，爲我們一舉擊潰沛公的軍隊做好準備！』這個時候，項羽有四十萬大軍，駐扎在新豐鴻門，而沛公衹有十萬士兵，駐扎在霸上。范增勸說項羽說：『沛公在山東的時候，貪財好貨，喜愛美女。現在進入函谷關，不僅不收取財物，而且不親近婦女，由此看來，他的志向一定不小。我命人夜觀他上空的雲氣，呈現的都是龍虎形狀，五顏六色，這是天子之氣。你一定要趕快進攻，莫失良機啊。』

楚國左尹項伯這個人，是項羽的叔父，他和留侯張良一向私交甚好。這個時候張良正跟隨着沛公，項伯就連夜騎馬跑到沛公的軍營，私下會見張良，對張良講述了整件事情的經過，準備叫張良和他一起離開。項伯說：『不要跟他們一起死掉。』張良說：『我爲韓王護送沛公，現在沛公出現了危險。我一個人逃走是不仁義的，不能不向沛公說一聲。』張良就走了進去，將事情全部告訴了沛公。沛公大吃一驚，說：『這可如何是好？』張良說：『誰給大王出的這個主意？』沛公說：『一個小子勸我說：「如果能將諸侯的軍隊拒在函谷關外，秦國的土地就能夠全部占爲己有，在這裏稱王。」因此我聽信了他的話。』張良說：『大王估計帶領你的士兵能夠抵擋住項王嗎？』沛公沉默不語，過了一會說：『自然是抵擋不了項羽的，那又能怎麼辦呢？』張良說：『請允許我去告訴項伯，就說沛公不敢背叛項王。』沛公說：『你怎麼會與項伯有交情呢？』張良說：『秦國還沒有消滅六國的時候，項伯和我曾經有過交游，他殺了人，我救了他一命。現在有危急事情，幸虧他提前來告訴我。』沛公說：『項伯與你相比，誰年紀大？誰年紀小？』張良說：『他比我大。』沛公說：『你替我把他叫進來，我要把他當兄長相待。』張良走出來，將項伯邀請進去。項伯就進去見沛公。沛公向項伯舉杯敬酒，祝願他健康長壽，同時還約爲兒女親家。沛公說：『我入關以來，一點利益都不敢接受，造冊登記吏民，封存府庫，目的就是爲了等待將軍。派遣將領把守函谷關的原因，是爲了防備別的盜賊出入以及發生意外事件。我日日夜夜都盼望將軍到來，怎麼敢反叛他？請項伯兄向將軍詳細說明我是絕對不會背信棄義的。』項伯答應了。他對沛公說：『明天早晨一定要早早地過來向項王道歉。』沛公說：『一定遵命。』於是項伯又連夜離開，重新返回軍中，把沛公的話原原本本報告了項王。隨即對項羽說：『如果沒有沛公先攻破關中的話，你難道敢輕易進來嗎？現在人家立有大功你卻要去攻打他，這是不道義的，不如趁他明早來請罪的時候好好對待他。』項王答應了。

鴻門

原文

沛公旦日從百餘騎來見項王，至鴻門，謝曰：『臣與將軍戮力而攻秦，將軍戰河北，臣戰河南，然不自意能先入關破秦，得復見將軍於此。今者有小人之言，令將軍與臣有郤。』項王曰：『此沛公左司馬曹無傷言之；不然，籍何以至此。』項王即日因留沛公與飲。項王、項伯東鄉坐。亞父南鄉坐。亞父者，范增也。沛公北鄉坐，張良西鄉侍。范增數目項王，舉所佩玉玦以示之者三，項王默然不應。范增起，出召項莊，謂曰：『君王爲人不忍，若入前爲壽，壽畢，請以劍舞，因擊沛公於坐，殺之。不者，若屬皆且爲所虜。』莊則入爲壽，壽畢，曰：『君王與沛公飲，軍中無以爲樂，請以劍舞。』項王曰：『諾。』項莊拔劍起舞，項伯亦拔劍起舞，常以身翼蔽沛公，莊不得擊。

於是張良至軍門，見樊噲。樊噲曰：『今日之事何如？』良曰：『甚急。今者項莊拔劍舞，其意常在沛公也。』噲曰：『此迫矣，臣請入，與之同命。』噲即帶劍擁盾入軍門。交戟之衛士欲止不內，樊噲側其盾以撞，衛士仆地，噲遂入，披帷西鄉立，瞋目視項王，頭髮上指，目眥盡裂。項王按劍而跽曰：『客何爲者？』張良曰：『沛公之參乘樊噲者也。』項王曰：『壯士，賜之卮酒。』則與鬥卮酒。噲拜謝，起，立而飲之。項王曰：『賜之彘肩。』則與一生彘肩。樊噲覆其盾於地，加彘肩上，拔劍切而啗之。項王曰：『壯士，能復飲乎？』樊噲曰：『臣死且不避，卮酒安足辭！夫秦王有虎狼之心，殺人如不能舉，刑人如恐不勝，天下皆叛之。懷王與諸將約曰「先破秦入咸陽者王之」。今沛公先破秦入咸陽，毫毛不敢有所近，封閉宮室，還軍霸上，以待大王來。故遣將守關者，備他盜出入與非常也。勞苦而功高如此，未有封侯之賞，而聽細說，欲誅有功之人。此亡秦之續耳，竊爲大王不取也。」項王未有以應，曰：「坐。」樊噲從良坐。坐須臾，沛公起如廁，因招樊噲出。

譯文

第二天清晨，沛公帶着一百多名騎兵來拜見項王，到了鴻門，沛公向項羽謝罪說：「我和將軍合力攻打秦國，將軍在河北作戰，我在河南作戰，但是我自己也從來沒有想過我能夠先攻破函谷關，現在又在這裏見到將軍。如今有小人之言，讓將軍和我之間產生了隔閡。」項王說：「這是你的左司馬曹無傷說的話，不是這樣的話，我怎麼會這麼做呢。」項王當天就留下沛公一同宴飲。項王、項伯朝東而坐，亞父朝南而坐。亞父就是范增。沛公朝北而坐，張良朝西陪坐。范增多次向項王使眼色，不斷舉起自己佩戴的玉玦向項王示意，項王始終沉默不作應答。范增起身出去找來項莊，他對項莊說：

「君王爲人不夠狠心，你進去上前祝酒，祝酒之後，請求舞劍助興，然後乘機襲擊座上的沛公，一定要殺死他。不然，你們這些人都將成爲他的俘虜。」項莊便進去祝酒。祝酒完了說：「君主和沛公飲酒，軍中沒有什麼可以用來提供娛樂的，請允許我舞劍助興。」項王說：「那好吧。」項莊拔劍起舞，項伯也跟着拔劍起舞，總是用身體保護沛公，項莊找不到刺殺沛公的機會。

這時，張良來到軍門，遇見樊噲。樊噲說：「今天的事情怎麼樣了？」張良說：「非常危險。現在項莊正在裏面舞劍，他的注意力總是在沛公身上。」樊噲說：「現在是迫在眉睫的時刻，請讓我進去，與沛公同生共死。」樊噲立即帶着劍，拿着盾牌，進入軍門。交戟守衛的衛士想要阻攔，不讓他進去，

樊噲

樊噲，西漢開國元勛，著名軍事統帥，深得劉邦的信任。

樊噲側過他的盾牌去撞擊衛士，衛士立即倒在地上，樊噲就進入大帳之中，他揭開帷帳，向西而立，圓睜怒目，目不轉睛地看着項王，頭髮向上豎着，眼眶破裂。項王立即伸手握住寶劍，挺直了上身說：『來客是幹什麼的？』張良說：『這是沛公的參乘樊噲。』項王說：『這是壯士！賞賜給他一杯酒。』左右就給他一大杯酒。樊噲拜謝後起來，站着一飲而盡。項王說：『賞給他豬腿。』左右就給樊噲一隻生豬腿。樊噲將盾牌放到地上，把豬腿放在盾上，拔出劍來切肉吃。項王說：『壯士！你還能再喝酒嗎？』樊噲說：『我連死都不怕，又怎麼會推辭區區一杯酒呢！那秦王有虎狼之心，殺人就擔心殺不盡，用刑就擔心自己的刑罰不夠重，天下人都背叛了他。楚懷王和將領們相約說「先攻破秦地進入咸陽的人就可以在關中稱王」。現在沛公率先攻破了秦地進入咸陽城，卻絲毫利益不敢接近，而且封閉宮室，重新將軍隊駐扎回霸上，衹是一心等待大王到來。之所以派遣將士把守函谷關，也是爲了防備其他盜賊和突發事件。沛公這樣勞苦功高，不但沒有得到封侯的賞賜，而且您還聽信他人的閑言碎語，想要殺死有功的人。這是繼承了已經滅亡的秦朝的道路，以我個人的看法，大王這樣做是不可取的。』項王想不出什麼來應答樊噲，衹說：『坐。』樊噲在張良旁邊坐了下來。坐了不久，沛公就起身上廁所，乘機將樊噲招呼出來。

原文　沛公已出，項王使都尉陳平召沛公。沛公曰：『今者出，未辭也，爲之柰何？』樊噲曰：『大行不顧細謹，大禮不辭小讓。如今人方爲刀俎，我爲魚肉，何辭爲。』於是遂去。乃令張良留謝。良問曰：『大王來何操？』曰：『我持白璧一雙，欲獻項王，玉斗一雙，欲與亞父，會其怒，不敢獻。公爲我獻之。』張良曰：『謹諾。』當是時，項王軍在鴻門下，沛公軍在霸上，相去四十里。沛公則置車騎，脫身獨騎，與樊噲、夏侯嬰、靳強、紀信等四人持劍盾步走，從酈山下，道芷陽間行。沛公謂張良曰：『從此道至吾軍，不過二十里耳。度我至軍中，公乃入。』沛公已去，間至軍中，張良入謝，曰：『沛公不勝桮杓，不能辭。謹使臣良奉白璧一雙，再拜獻大王足下；玉斗一雙，再拜奉大將軍足下。』項王曰：『沛公安在？』良曰：『聞大徐廣曰：『東函谷，南武關，西散關，北蕭關。』

王有意督過之，脫身獨去，已至軍矣。』項王則受璧，置之坐上。亞父受玉斗，置之地，拔劍撞而破之，曰：『唉！豎子不足與謀。奪項王天下者，必沛公也，吾屬今爲之虜矣。』沛公至軍，立誅殺曹無傷。

譯文 沛公出去後，項王派都尉陳平出去叫沛公回來。沛公對樊噲說：『我們現在就這樣出去，沒有向項王辭行，這可怎麼辦呢？』樊噲說：『做大事的人不需要顧慮細枝末節，行大禮不必擔心小的責備。現在項王如同刀俎，我們如同在砧板上的魚和肉，還辭別什麼？』於是就不辭而去。臨走的時候，叫張良留下來向項王道謝。張良問：『大王來時帶了什麼？』沛公說：『我帶來一雙白璧，想獻給項王，一雙玉斗，想送給亞父，正趕上他們生氣，沒敢進獻。你替我獻給他們吧。』張良說：『遵命。』當時，項王的軍隊在鴻門下待命，沛公的軍隊駐扎在霸上，相距有四十里路程。沛公丟下車騎，一人騎馬脫身而逃，樊噲、夏侯嬰、靳強、紀信四人握劍持盾步行，從酈山下經過芷陽，抄小路回到霸上。沛公對張良說：『從這條路到我們軍營，衹有二十里的路程。你估計我大約回到軍中以後，再進去向項王辭謝。』沛公走後，張良估計沛公抄小路已經到達軍中，就進去道謝說：『沛公不勝酒力，不能親自前來辭行。特地吩咐張良奉上白璧一雙，拜獻大王；玉斗一雙，拜送大將軍。』項王說：『沛公現在人在哪裏？』張良說：『聽說大王想要責備他，獨自脫身而去，現在已經回到軍中了。』項王接過玉璧，放在坐席上。亞父接過玉斗，丟在地上，拔劍一擊而碎，嘆道：『唉！你這小子不足以共謀大事啊。奪取你項王天下的，一定是沛公，現在，我們這些人都要被他俘虜了。』沛公回到軍中，立刻誅殺了曹無傷。

原文 居數日，項羽引兵西屠咸陽，殺秦降王子嬰，燒秦宮室，火三月不滅，收其貨寶婦女而東。人或說項王曰：『關中阻山河四塞，地肥饒，可都以霸。』項王見秦宮皆以燒殘破，又心懷思欲東歸，曰：

玉璧

古時，用璧表達相見之禮，在交往時，也往往用璧作爲瑞信，既表示祝賀吉祥，同時又是一種憑信。

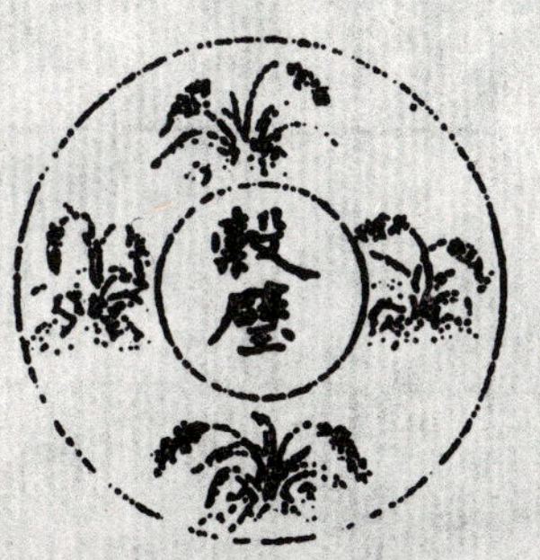

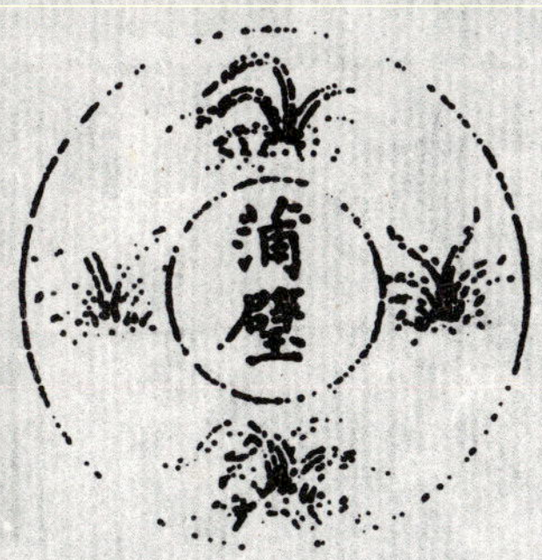

服虔曰：『兵初起時。』服虔云：『解，折伏也。』說文云：『講，和解也。』漢書作『媾解』。

衣錦還鄉

衣錦還鄉是所有人的夢想，但作爲王者，項羽的想法祇能說明他目光短淺。

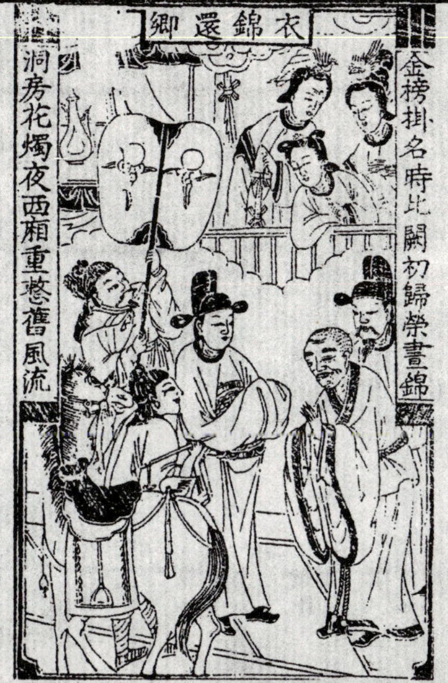

『富貴不歸故鄉，如衣繡夜行，誰知之者！』說者曰：『人言楚人沐猴而冠耳，果然。』項王聞之，烹說者。

項王使人致命懷王。懷王曰：『如約。』乃尊懷王爲義帝。項王欲自王，先王諸將相。謂曰：『天下初發難時，假立諸侯後以伐秦。然身被堅執銳首事，暴露於野三年，滅秦定天下者，皆將相諸君與籍之力也。義帝雖無功，故當分其地而王之。』諸將皆曰：『善。』乃分天下，立諸將爲侯王。

譯文

過了幾天，項羽帶着軍隊西進，屠毀咸陽，將秦朝已經投降的國王子嬰殺死，將秦朝的宮室全部焚毀，大火燃燒了三個月都沒有熄滅；又大肆搜羅了很多秦朝的財寶和婦女，帶領軍隊向東而去。有人勸阻項王說：『關中這裏有山脈爲險阻，周圍有河流環繞，是個四面關塞、土地肥饒的地方，可以在這裏建都，建立自己的霸業。』項王看到秦朝的宮室大多被焚燒殆盡，已經殘破不堪，加上想念故鄉，一心祇想東歸，就說：『富貴了不回故鄉，就好像是穿着好看的綉花衣服在夜間出門，有誰會知道呢？』那個勸項王的人說：『人們都說楚國人是獼猴戴帽子，果然如此。』項王聽了這話，下令烹殺了那個勸說他的人。

項王派人向楚懷王請示。楚懷王說：『按照事先的約定辦。』項羽就尊楚懷王爲義帝。項王想自己稱王，於是先分封各個諸侯將相爲王。然後對他們說：『當初天下危難的時候，暫時擁立各個諸侯後裔爲王，目的是爲了討伐秦朝。其實能夠親自身穿鎧甲，手執戈矛，率先起義，三年來風餐露宿，消滅秦朝，平定天下的，都是各位將相以及我項籍的力量。唯獨那義帝沒有任何功勞，瓜分他的土地實屬應該的，要將土地分封大家爲王。』將領們都說：『好。』項王就分割天下，分封將領們爲侯王。

原文

項王、范增疑沛公之有天下，業已講解，又惡負約，恐諸侯括地志云：『犬丘故城一名廢丘，故城在雍州始平縣東南十里。地理志云漢高二年，引水灌廢丘，章邯自殺，更廢丘曰槐里。』漢書音義曰：『繞南皮三縣以封之。』

叛之，乃陰謀曰：『巴、蜀道險，秦之遷人皆居蜀。』乃曰：『巴、蜀亦關中地也。』故立沛公爲漢王，王巴、蜀、漢中，都南鄭。而三分關中，王秦降將以距塞漢王。

項王乃立章邯爲雍王，王咸陽以西，都廢丘。長史欣者，故爲櫟陽獄掾，嘗有德於項梁；都尉董翳者，本勸章邯降楚。故立司馬欣爲塞王，王咸陽以東至河，都櫟陽；立董翳爲翟王，王上郡，都高奴。徙魏王豹爲西魏王，王河東，都平陽。瑕丘申陽者，張耳嬖臣也，先下河南，迎楚河上，故立申陽爲河南王，都雒陽。韓王成因故都，都陽翟。趙將司馬卬定河內，數有功，故立卬爲殷王，王河內，都朝歌。徙趙王歇爲代王。趙相張耳素賢，又從入關，故立耳爲常山王，王趙地，都襄國。當陽君黥布爲楚將，常冠軍，故立布爲九江王，都六。鄱君吳芮率百越佐諸侯，又從入關，故立芮爲衡山王，都邾。義帝柱國共敖將兵擊南郡，功多，因立敖爲臨江王，都江陵。徙燕王韓廣爲遼東王。燕將臧荼從楚救趙，因從入關，故立荼爲燕王，都薊。徙齊王田市爲膠東王。齊將田都從共救趙，因從入關，故立都爲齊王，都臨菑。故秦所滅齊王建孫田安，項羽方渡河救趙，田安下濟北數城，引其兵降項羽，故立安爲濟北王，都博陽。田榮者，數負項梁，又不肯兵從楚擊秦，以故不封。成安君陳餘棄將印去，不從入關，然素聞其賢，有功於趙，聞其在南皮，故環封三縣。番君將梅鋗功多，故封十萬戶侯。項

呂布月夜奪徐州

彭城是徐州的古稱，位於今天江蘇省的西北部，由蘇、魯、豫、皖四省部分地區組成。『東襟黃海，西接中原，南屏江淮，北扼齊魯』，素有『五省通衢』之稱。彭城南北方交界的地理位置，決定了它歷史上『北國之鎖鑰，南國之門戶』的地位，是兵家爭奪的重鎮。

王自立爲西楚霸王，王九郡，都彭城。

【譯文】項王、范增擔心沛公將來會霸占天下，不想讓他在關中稱王，但是既然雙方已經和解，又擔心違背原本的盟約，諸侯一起起來反對，他們就在暗中商量說：『巴蜀那裏道路險惡，那些被秦朝貶謫的罪人都居住在那裏。』於是就散布言論說：『巴蜀也是關中地區。』所以封沛公爲漢王，在巴蜀、漢中稱王，建都南鄭。而把關中分爲三部分，封給秦朝的降將爲王，目的是爲了阻擋漢王，以防他將來向東方出兵發難。

項王封章邯爲雍王，在咸陽以西的地方稱王，建都廢丘。長史司馬欣，以前在做櫟陽獄掾的時候，對項梁有過恩德；都尉董翳，是最開始勸說章邯降楚的人。因此項王封司馬欣爲塞王，在咸陽以東一直到黃河一帶的地區稱王，建都櫟陽；封董翳爲翟王，在上郡稱王，建都高奴。將魏王豹改封爲西魏王，在河東地區稱王，建都平陽。瑕丘申陽是張耳的寵臣，他們先攻下河南，後又在黃河岸邊迎接楚軍的到來，因此項王立申陽爲河南王，建都洛陽。韓王成仍以舊都爲都，在陽翟建都。趙將司馬卬平定河內，屢立戰功，因此得封爲殷王，在河內稱王，建都朝歌。將趙王歇改封爲代王。趙國的相國張

耳向來以賢能著稱，又追隨項王入關，因此封張耳爲常山王，在趙地稱王，建都襄國。當陽君黥布爲楚軍將領，行軍作戰勇冠全軍，因此封黥布爲九江王，建都於六。鄱君吳芮帶領百越兵從旁協助諸侯軍，又跟隨軍隊一起入關，因此封吳芮爲衡山王，建都於邾。義帝的柱國共敖率兵攻打南郡，勞苦功高，因此封共敖爲臨江王，建都江陵。將燕王韓廣改封爲遼東王。燕將臧荼曾經追隨楚軍援救趙軍，後來又跟隨軍隊一起入關，因此封臧荼爲燕王，建都於薊。將齊王改封爲膠東王。齊將田都曾經跟隨項王共同援救趙軍，後又跟着軍隊一起入關，因此立田都爲齊王，建都臨菑。過去曾經被秦朝滅掉的齊王建的孫子田安，在項王渡河援救趙軍的時候，攻下濟水北邊的幾座城邑，帶領他的軍隊向項羽投降，因此項王封田安爲濟北王，建都博陽。田榮多次有負項梁的託付，而且又不願帶領軍隊跟隨楚軍攻打秦軍，所以沒有被封王。成安君陳餘丟棄將領印璽逃命，沒有跟隨軍隊一起入關，但是項王向來聽說成安君賢能，對趙國有恩，知道他在南皮，因此將環繞南皮的三個縣封給他。番君的將領梅鋗戰功頗多，因此封爲十萬戶侯。項王自立爲西楚霸王，在九個郡中稱王，建都彭城。

【原文】漢之元年四月，諸侯罷戲下①，各就國。項王出之國，使人徙

三齊記云：『右即墨，中臨淄，左平陸，謂之三齊。』

義帝，曰：『古之帝者地方千里，必居上游。』乃使使徙義帝長沙郴縣。趣義帝行，其群臣稍稍背叛之，乃陰令衡山、臨江王擊殺之江中。韓王成無軍功，項王不使之國，與俱至彭城，廢以爲侯，已又殺之。臧荼之國，因逐韓廣之遼東，廣弗聽，荼擊殺廣無終，并王其地。

田榮聞項羽徙齊王市膠東，而立齊將田都爲齊王，乃大怒，不肯遣齊王之膠東，因以齊反，迎擊田都。田都走楚。齊王市畏項王，乃亡之膠東就國。田榮怒，追擊殺之即墨。榮因自立爲齊王，而西殺擊濟北王田安，并王三齊。榮與彭越將軍印，令反梁地。陳餘陰使張同、夏說說齊王田榮曰：『項羽爲天下宰，不平。今盡王故王於醜地，而王其群臣諸將善地，逐其故主，趙王乃北居代，餘以爲不可。聞大王起兵，且不聽不義，願大王資餘兵，請以擊常山，以復趙王，請以國爲扞蔽。』齊王許之，因遣兵之趙。陳餘悉發三縣兵，與齊并力擊常山，大破之。張耳走歸漢。陳餘迎故趙王歇於代，反之趙。趙王因立陳餘爲代王。

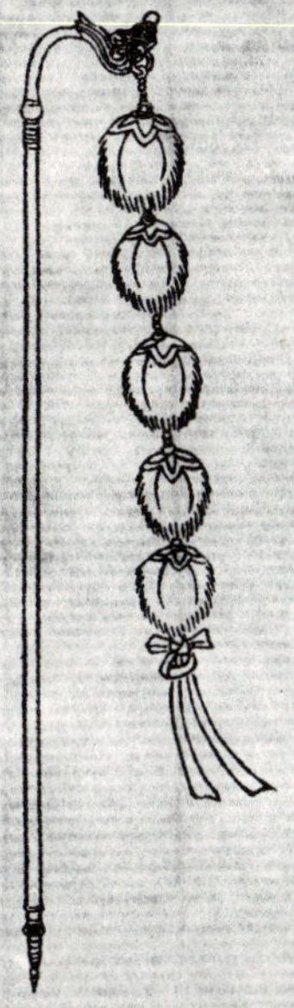

旌 古代用牦牛尾與羽毛裝飾的軍旗，後來也代指各種旗幟。

注釋 ①戲下：大將軍旗幟之下。『戲』通『麾』，將帥的大旗。又説『戲』指戲水，『戲下』即戲水之下。

譯文 漢元年四月，諸侯已經受封完畢，在項王的麾下罷兵，各自回到自己的封國。項王也出關回到封國，派人將義帝遷徙出去，并說：『古代做帝王的擁有千里見方的土地，一定要居住在上游。』於是就派遣使者將義帝遷往長沙郴縣。項王催促義帝早些動身，義帝君臣逐漸對項王産生了背叛之心，項王就暗中命令衡山王、臨江王將義帝在江中殺死。韓王成沒有軍功，項王不讓他到分封的土地上去，帶韓王一起來到彭城，廢去他的王號，改封爲侯，不久又將他殺死。臧荼到了封國，將韓廣驅逐到了遼東，韓廣不服從，臧荼在無終殺死了韓廣，并且吞并了他的封地。

田榮聽說項羽將齊王改封到膠東地區，而立齊將田都爲齊王，非常生氣，不想讓齊王去膠東，就聯合齊王一起反叛，與田都展開戰爭。田都逃往楚國。齊王唯恐項王怪罪，就潛往膠東封國。田榮更加生氣，派兵追擊齊王，在即墨將齊王殺死。於是田榮自立爲齊王，向西進兵，殺死了濟北王田安，吞并了三齊。田榮將將軍印授予彭越，讓他在梁地起來叛變楚軍。陳餘暗中派遣張同、夏說游說齊王田榮說：『項羽是天下的主宰，分封侯王的時候有失公允。他將原來的諸侯王都封在不好的地方稱王，而他的群臣諸將都封在好的地方稱王。還將他原來的君主也趕走，趙王無奈，衹好居住在北方的代地，我認爲我們是不能答應項羽這樣做的。我聽說大王已經起兵，不接受不道義的命令，希望大王能夠資助給我一些兵馬，允許我用這些兵馬來攻打常山，恢復趙王的地位，我願意將趙國作爲齊國的屏障。』齊王答應了，就發兵赴趙。陳餘調動了三縣的全部士兵，與齊軍合力攻打常山，打垮了常山的軍隊。張耳逃走歸附了漢王。陳餘去代地將原來的趙王歇迎接回來重返趙地。趙王就立陳餘爲代王。

原文

是時，漢還定三秦。項羽聞漢王皆已并關中，且東；齊、趙叛之，大怒。乃以故吳令鄭昌爲韓王，以距漢；令蕭公角等擊彭越。彭越敗蕭公角等。漢使張良徇韓，乃遺項王書曰：『漢王失職，欲得關中，如約即止，不敢東。』又以齊、梁反書遺項王曰：『齊欲與趙并滅楚。』楚以此故，無西意，而北擊齊。徵兵九江王布。布稱疾不往，使將將數千人行。項王由此怨布也。

漢之二年冬，項羽遂北至城陽，田榮亦將兵會戰。田榮不勝，走至平原，平原民殺之。遂北燒夷齊城郭室屋，皆阬田榮降卒，係虜其老弱婦女。徇齊至北海，多所殘滅。齊人相聚而叛之。於是田榮弟田橫，收齊亡卒得數萬人，反城陽。項王因留，連戰未能下。

蘇林曰：『官號也。或曰蕭令也。時令皆稱公。』

譯文

這個時候，漢王回軍將三秦平定。項羽聽說漢王已經吞并了關中，將要東進，齊、趙二王又叛變了他，項羽非常憤怒，就封從前的吳令鄭昌爲韓王，以便阻擋漢軍。命令蕭公角等人攻擊彭越。彭越打敗了蕭公角等人，漢王派張良前去招撫韓地，張良寫給項王一封信說：『漢王沒有按照之前的

括地志云：『魯，兗州曲阜縣也。地理志云胡陵在山陽縣屬也。』

服虔曰：『元，長也。食邑於魯。』

約定得以在關中稱王，這是有失職守，因此他想要取得關中，等到漢王實現原有的約定後就會立即停止進軍，無論如何也不敢再繼續東進。』張良又將齊、梁的反叛文告送給項王，説：『齊想要聯合趙一起消滅楚軍。』楚軍因爲收到張良的這封信而放棄西進，轉而想要向北攻打齊國。項王向九江王黥布徵集兵力，黥布稱病不帶兵前往，衹是派將領率幾千名士兵前去。由此開始，項王對黥布心生怨恨。

漢二年冬，項羽發兵北上到達城陽，田榮也率軍來到城陽與項羽展開會戰。田榮兵敗之後逃到平原，平原的百姓將他殺死。楚軍向北進軍，燒毀了齊國的房屋，將齊國的城郭夷爲平地，坑殺投降的田榮的士兵，擄掠老弱婦女。又在齊攻城略地，一路進攻到北海，到處燒殺掠奪。齊國人聚集在一起聯合反抗項羽。於是田榮的弟弟田橫召集了齊國逃散的士卒一共數萬人，一起在城陽發動兵變。因而項王留下來作戰，連續攻打了幾次都沒能拿下城陽。

原文 春，漢王部五諸侯兵，凡五十六萬人，東伐楚。項王聞之，即令諸將擊齊，而自以精兵三萬人南從魯出胡陵。四月，漢皆已入彭城，收其貨寶美人，日置酒高會。項王乃西從蕭，晨擊漢軍而東，至彭城，日中，大破漢軍。漢軍皆走，相隨入穀、泗水，殺漢卒十餘萬人。漢卒皆南走山，楚又追擊至靈壁東睢水上。漢軍卻，爲楚所擠，多殺，漢卒十餘萬人皆入睢水，睢水爲之不流。圍漢王三匝。於是大風從西北而起，折木發屋，揚沙石，窈冥晝晦，逢迎楚軍。楚軍大亂，壞散，而漢王乃得與數十騎遁去。欲過沛，收家室而西；楚亦使人追之沛，取漢王家；家皆亡，不與漢王相見。漢王道逢得孝惠、魯元，乃載行。楚騎追漢王，漢王急，推墮孝惠、魯元車下，滕公常下收載之，如是者三。曰：『雖急，不可以驅，柰何棄之？』於是遂得脱。求太公、呂后不相遇。審食其從太公、呂后間行，求漢王，反遇楚軍。楚軍遂與歸，報項王，項王常置軍中。

是時呂后兄周呂侯爲漢將兵居下邑，漢王間往從之，稍稍收其士卒。至滎陽，諸敗軍皆會，蕭何亦發關中老弱未傅，悉詣滎陽，復

米顛拜石

靈璧縣位於中國安徽省東北部，素產奇石。宋代的大書畫家米芾愛石成癖，簡直到了如痴如癲的地步，故有『米癲』之諢稱。一次他見衙署內有一立石十分奇特，大喜道：『此足以當吾拜。』就整衣冠而拜之。米芾一生藏石無數，其中最有名的便是南唐李后主的舊物靈璧石硯山。

大振。楚起於彭城，常乘勝逐北，與漢戰滎陽南京、索間，漢敗楚，楚以故不能過滎陽而西。

【譯文】春天，一共有五路諸侯的軍隊接受漢王的統領，兵力共計五十六萬人，他們一起向東挺進，討伐楚國。項王得知這個消息，立即命令手下將領繼續攻打齊國，自己則帶着三萬精兵南下，由魯越過胡陵。四月的時候，漢王的軍隊已經進入彭城，他們沿途搜掠了很多財物珍寶和美女，天天設宴豪飲。項王向西經過蕭縣，清晨對漢軍展開攻擊，接着東進到達彭城，中午，將漢軍打得大敗。漢軍都逃跑，相繼逃入穀水、泗水，楚軍殺死了十多萬漢軍士卒。漢軍都向南方的山裏逃跑，楚軍乘勝追擊一直到靈璧東面的睢水上。漢軍敗退，楚軍不斷逼迫，殘餘的漢軍擁擠在一起，大多被楚軍殺傷，漢軍十多萬人都落入睢水，死傷的士兵甚至堵塞了睢水。楚軍將漢王包圍了三層。這時，從西北刮起一陣大風，大風吹斷了樹木，掀毀了房屋，飛沙走石，天色頓時變得昏昏沉沉，狂風夾雜着沙石向楚軍迎面襲來。楚軍大亂，陣形破壞，漢王趁機帶着幾十個騎兵逃走。漢王本打算途經沛縣的時候，將自己的家眷接來一起西行，而楚軍也派人追往沛縣，掠取漢王家眷。漢王的家眷都已經逃跑，沒能和漢王相見。漢王在路上遇到孝惠、魯元，就用車將他們帶着一塊兒走。楚軍派騎兵追趕漢王，漢王嫌車走得太慢，着急了，就將孝惠、魯元推下車去，滕公便下車將他們重新抱上來，這樣推下抱上反反復復好幾次。滕公說：『事情雖然危急，我們可以將車驅趕得快一些，怎麼可以將他們丟棄呢？』漢王最終得以成功脫身。漢王想要尋找太公、呂后，沒有找到，審食其跟隨太公、呂后通過小路逃跑，一路尋找漢王，反而遇見了楚軍。楚軍就抓住他們回到軍營，交給項王發落，項王將他們拘留在軍營裏。

這時，呂后的兄長周呂侯爲漢軍統帥，帶兵駐扎在下邑，漢王抄小路來到周呂侯那裏，將一些逃散的士兵稍加收編。到了滎陽，各路敗軍都會合在一起，蕭何也將關中那些沒有入籍的老弱全部帶到滎陽，漢軍的氣勢又振作起來了。楚軍從彭城出發，想要乘勝追擊敗兵，與漢軍在滎陽南面的京、索之間交戰，漢軍打敗了楚軍，因而楚軍無法越過滎陽向西挺進。

原文

項王之救彭城，追漢王至滎陽，田横亦得收齊，立田榮子廣爲齊王。漢王之敗彭城，諸侯皆復與楚而背漢。漢軍滎陽，築甬道屬之河，以取敖倉粟。

漢之三年，項王數侵奪漢甬道，漢王食乏，恐，請和，割滎陽以西爲漢。項王欲聽之。歷陽侯范增曰：『漢易與耳，今釋弗取，後必悔之。』項王乃與范增急圍滎陽。漢王患之，乃用陳平計間項王。項王使者來，爲太牢具，舉欲進之。見使者，詳驚愕曰：『吾以爲亞父使者，乃反項王使者！』更持去，以惡食食項王使者。使者歸報項王，項王乃疑范增與漢有私，稍奪之權。范增大怒，曰：『天下事大定矣，君王自爲之。願賜骸骨歸卒伍。』項王許之。行未至彭城，疽發背而死。

譯文

項王解救彭城，追趕漢王一直到滎陽，田横乘機收復了齊國，立田榮的兒子田廣爲齊王。漢王在彭城戰敗之後，諸侯又都投向楚軍背叛漢軍。漢軍駐扎在滎陽，脩築了一條與黃河相連的甬道，用來運取敖倉的糧食。

漢三年，項王屢次進攻漢軍的甬道，漢王糧食匱乏，心生恐懼，請求與項王講和，以滎陽爲界，以西歸漢。項王想要答應他的要求。歷陽侯范增說：『漢軍現在很容易對付，如果就此放掉他們，不徹底消滅，以後一定會後悔的。』項王就和范增加緊圍攻滎陽。漢王日夜憂慮，於是采用陳平的計策試圖離間項王和范增。項王的使者來時，給他預備了牛、羊、小豬等豐盛的筵席，準備端上去。當端飯菜的人看到來使的時候，假裝驚訝地說：『我以爲是亞父使者，沒想到是項王的使者。』立即把飯菜端了下去，又端上來粗茶淡飯給項王的使者吃。使者回來跟項王據實稟報，項王開始懷疑范增與漢軍私通，逐步剝奪了他的權力。范增十分生氣，說：『天下的形勢，現在大局已定，請君王好自爲之。請您恩准我這把老骨頭告老還鄉，讓我成爲一個普通人。』項王答應了他。范增走了，還沒走到彭城，就因背上長毒瘡死掉了。

軍纛

纛是古時軍隊或儀仗隊的大旗。

原文

漢將紀信說漢王曰：『事已急矣，請爲王誑①楚爲王，王可以間出。』於是漢王夜出女子滎陽東門被甲二千人，楚兵四面擊之。紀信乘黃屋車，傅左纛，曰：『城中食盡，漢王降。』楚軍皆呼萬歲。漢王亦與數十騎從城西門出，走成皋。項王見紀信，問：『漢王安在？』曰：『漢王已出矣。』項王燒殺紀信。

漢王使御史大夫周苛、樅公、魏豹守滎陽。周苛、樅公謀曰：『反國之王，難與守城。』乃共殺魏豹。楚下滎陽城，生得周苛。項王謂周苛曰：『爲我將，我以公爲上將軍，封三萬戶。』周苛罵曰：『若不趣降漢，漢今虜若，若非漢敵也。』項王怒，烹周苛，并殺樅公。

注釋

①誑：同『誆』。

譯文

漢軍將領紀信勸漢王說：『目前形勢已經非常危急了，請允許我假裝成您替您去蒙騙楚軍，您就可以乘機逃出城去。』就這樣，漢王連夜從滎陽東門放出兩千名身穿鎧甲的婦女，楚軍四面圍擊。這時紀信乘坐黃屋車，左邊的車衡上豎立着大旗，衛士大聲叫喊着：『城中糧食已經吃光了，漢王出城投降。』楚軍將士都高呼萬歲。漢王和幾十名騎兵趁機從西門出城，直奔成皋。項王見到紀信，問他：『漢王在哪裏？』紀信說：『漢王已經出城了。』項王大怒，用火燒死了紀信。

漢王命令御史大夫周苛、樅公、魏豹守衛滎陽。周苛、樅公謀劃說：『魏豹是個叛國的諸侯王，與他一起很難守住城池。』於是二人一起殺死了魏豹。楚軍攻下滎陽城之後，活捉了周苛。項王對周苛說：『你做我的將領，我任命你爲上將軍，封賞三萬戶。』周苛大罵說：『你如果不抓緊投降漢軍，漢軍就要俘虜你了，你不是漢王的對手。』項王聽後，十分生氣，烹死周苛，同時也殺了樅公。

徐廣曰：『北門名玉門。』

孟康曰：『於滎陽築兩城相對爲廣武，在敖倉西三皇山上。』

原文

漢王之出滎陽，南走宛、葉，得九江王布，行收兵，復入保成皋。漢之四年，項王進兵圍成皋。漢王逃，獨與滕公出成皋北門，渡河走脩武，從張耳、韓信軍。諸將稍稍得出成皋，從漢王。楚遂拔成皋，欲西。漢使兵距之鞏，令其不得西。

是時，彭越渡河擊楚東阿，殺楚將軍薛公。項王乃自東擊彭越。漢王得淮陰侯兵，欲渡河南。鄭忠說漢王，乃止壁河內。使劉賈將兵佐彭越，燒楚積聚。項王東擊破之，走彭越。漢王則引兵渡河，復取成皋，軍廣武，就敖倉食。項王已定東海來，西，與漢俱臨廣武而軍，相守數月。

當此時，彭越數反梁地，絕楚糧食，項王患之。爲高俎，置太公其上，告漢王曰：『今不急下，吾烹太公。』漢王曰：『吾與項羽俱北面受命懷王，曰「約爲兄弟」，吾翁即若翁，必欲烹而翁，則幸分我一桮羹。』項王怒，欲殺之。項伯曰：『天下事未可知，且爲天下者不顧家，雖殺之無益，只益禍耳。』項王從之。

連發弩

弩是中國古代裝有張弦機構，可以延時發射的弓。春秋晚期，實戰中開始重視用弩。它在實戰中具有很大的殺傷力。

譯文

漢王逃出滎陽之後，向南經過宛、葉，收服了九江王黥布，一邊走一邊繼續召集士兵，而後進入成皋固守。漢四年，項王圍攻成皋。漢王再次敗逃，他衹身一人與滕公出了成皋北門，渡河直奔脩武，來到張耳、韓信軍營。其他將領陸續逃出成皋，前去追隨漢王。於是，楚軍攻下成皋，準備向西進軍。漢王派兵在鞏縣阻擋楚軍，使楚軍無法西進。

這個時候，彭越渡過黃河在東阿攻擊楚軍，殺死了楚軍的將領薛公。項王就親自向東進軍攻打彭越。漢王得到淮陰侯的軍隊，準備渡河南下。因爲鄭忠的勸阻，漢王就停留在河內築

霸王欲烹太公

起高高的營壘。漢王派劉賈帶領兵馬與彭越一起，燒毀楚軍的糧食。項王東進打敗了劉賈和彭越，彭越逃走了。漢王率軍渡河，奪下成皋，駐扎在廣武，在敖倉取糧。項王平定東海之後，帶領軍隊回來，向西進發，與漢軍都在廣武駐扎，兩軍就這樣相持，長達數月。

就在這個時候，彭越在梁地多次反擊楚軍，切斷了楚軍的糧食，項王很擔心這件事。他設置了一個高大的砧板，將太公放在上面，警告漢王說：『如果你現在不快快投降，我就烹殺你父親。』漢王說：『我和你項羽都是北面稱臣，聽命於懷王，曾經說過「結爲兄弟」，那麼我的父親就是你的父親，如果你一定要烹殺自己的父親，那麼請你分給我一杯肉羹。』項王非常生氣，打算烹殺太公。項伯說：『如今天下大事還沒有最終確定下來，而且打天下的人都不會顧念家眷，就算是殺了太公也沒有任何好處，衹能徒增禍患而已。』項王聽從了項伯的勸告。

原文

楚、漢久相持未決，丁壯苦軍旅，老弱罷轉漕。項王謂漢王曰：『天下匈匈數歲者，徒以吾兩人耳，原與漢王挑戰決雌雄，毋徒苦天下之民父子爲也。』漢王笑謝曰：『吾寧鬥智，不能鬥力。』項王令壯士出挑戰。漢有善騎射者樓煩，楚挑戰三合，樓煩輒射殺之。項王大怒，乃自被甲持戟挑戰。樓煩欲射之，項王瞋目叱之，樓煩目不敢視，手不敢發，遂走還入壁，不敢復出。漢王使人間問之，乃項王也。漢王大驚。於是項王乃即漢王相與臨廣武間而語。漢王數之，項王怒，欲一戰。漢王不聽，項王伏弩射中漢王。漢王傷，走入成皋。

項王聞淮陰侯已舉河北，破齊、趙，且欲擊楚，乃使龍且往擊之。淮陰侯與戰，騎將灌嬰擊之，大破楚軍，殺龍且。韓信因自立爲齊王。

括地志云：『陳留，汴州縣也。在州東五十里，本漢陳留郡及陳留縣之地。』孟康云：『留，鄭邑也。後爲陳所并，故曰陳留。』

項王聞龍且軍破，則恐，使盱臺人武涉往説淮陰侯。淮陰侯弗聽。是時，彭越復反，下梁地，絶楚糧。項王乃謂海春侯大司馬曹咎等曰：『謹守成皋，則漢欲挑戰，愼勿與戰，毋令得東而已。我十五日必誅彭越，定梁地，復從將軍。』乃東，行擊陳留、外黃。

譯文

楚、漢兩軍長期相持，始終沒能分出勝負，年輕力壯爲行軍作戰而辛苦，年老體弱的爲水陸運輸而勞累。項王對漢王說：『天下這幾年都是一片擾攘不安的樣子，衹是因爲我們兩個人的緣故，我願意向你挑戰，一決雌雄，不要再讓天下的百姓白受痛苦了。』漢王笑着拒絕說：『我寧願選擇鬥智，不願選擇鬥力。』項王叫壯丁出去挑戰。漢軍有個擅長騎馬射箭的人叫樓煩，楚軍派壯士接連挑戰三次，樓煩都將壯士射死了。項王非常生氣，就親自披上戰甲拿起武器出來挑戰。樓煩想要射他，項王怒目呵叱，樓煩被嚇得不敢正視項羽，手哆嗦的不敢發箭，逃回營壘，再也不敢出來了。漢王派人暗中打聽，才知道前來挑戰的人是項王。漢王非常震驚。於是項王靠近漢王軍營，和他隔着廣武澗進行對話。漢王歷數了項王的種種罪狀，項王十分氣憤，要求與漢王展開決戰，漢王沒有答應，項王身邊埋伏的

弓弩手射中了漢王。漢王受傷，逃回成皋。

項王聽說淮陰侯已經攻下河北，打垮了齊、趙兩軍的軍隊，而且即將攻打楚軍，就命令龍且前去迎擊淮陰侯。淮陰侯與龍且交戰，騎兵統帥灌嬰也一起攻擊龍且，淮陰侯大破楚軍，殺死了龍且。韓信趁機自立爲齊王。項王聽說龍且的軍隊被打敗了，非常恐慌，命令盱臺人武涉前去游說淮陰侯，淮陰侯不肯聽從。這個時候，彭越也起來背叛楚軍，攻下梁地，從而斷絶了楚軍的糧道。於是項王對海春侯大司馬曹咎等人說：『一定要謹愼守好成皋，即使漢軍再來挑戰，也千萬不要和他進行交戰，衹要不讓他們繼續東進就行了。我十五天以內一定會殺掉彭越，平定梁地，到那時再回來與將軍會合。』於是項王帶領軍隊向東離去，邊走邊攻打陳留、外黃。

原文

外黃不下。數日，已降，項王怒，悉令男子年十五已上詣城東，欲坑之。外黃令舍人兒年十三，往說項王曰：『彭越強劫外黃，外黃恐，故且降，待大王。大王至，又皆坑之，百姓豈有歸心？從此以東，梁地十餘城皆恐，莫肯下矣。』項王然其言，乃赦外黃當坑者。

括地志云：『宋州外城本漢睢陽縣也。地理志云睢陽縣，故宋國也。』

鄭氏曰：『剄音經鼎反。以刀割頸爲剄。』

東至睢陽，聞之皆爭下項王。

漢果數挑楚軍戰，楚軍不出。使人辱之，五六日，大司馬怒，渡兵汜水。士卒半渡，漢擊之，大破楚軍，盡得楚國貨賂。大司馬咎、長史翳、塞王欣皆自剄汜水上。大司馬咎者，故蘄獄掾，長史欣亦故櫟陽獄吏，兩人嘗有德於項梁，是以項王信任之。當是時，項王在睢陽，聞海春侯軍敗，則引兵還。漢軍方圍鍾離眜於滎陽東，項王至，漢軍畏楚，盡走險阻。

譯文

外黃一直沒有攻下。過了幾天，外黃投降了，項王非常生氣，命令十五歲以上的男子全部來到城東，準備將他們坑殺。外黃令門客的兒子才祇有十三歲，他走上前去勸告項王說：『彭越用武力強迫外黃百姓聽命於他，百姓們都很驚恐，這才暫時投降彭越，以便等待大王的到來。現在大王到了，又要將他們全部坑殺，天下的其他百姓還會有歸順您的想法嗎？從這兒往東，梁地十多個城邑的百姓將人人心懷恐懼，再也沒有肯投降的了。』項王認爲他的話是正確的，就赦免了外黃那些本該坑殺的人。從外黃往東一直到睢陽，百姓們得知這個消息後，都爭先恐後地向項王投降。

漢軍後來眞的屢次向駐守成皋的楚軍挑戰，楚軍始終不肯出來應戰。於是漢軍派人在陣前辱罵楚軍，接連罵了五六天，大司馬聽了非常氣憤，讓士兵們渡過汜水，痛擊漢軍。士兵剛渡到一半的時候，漢軍突然出擊，將楚軍打得大敗，繳獲了楚國的全部物資。大司馬曹咎、長史司馬欣都在汜水上自刎而死。大司馬曹咎，原本是蘄縣的獄掾，長史司馬欣原本是櫟陽的獄吏，兩人曾對項梁有過恩德，所以項王十分器重他們。在這個時候，項王正在睢陽，聽說海春侯的軍隊失敗了，就帶領軍隊返回，漢軍正在滎陽圍攻鍾離眜，項王一到，漢軍害怕楚軍，立即全部撤到地勢險峻的地方。

原文

是時，漢兵盛食多，項王兵罷食絕。漢遣陸賈說項王，請太公，項王弗聽。漢王復使侯公往說項王，項王乃與漢約，中分天下，割鴻溝以西者爲漢，鴻溝而東者爲楚。項王許之，即歸漢王父母妻子。軍皆呼萬歲。漢王乃封侯公爲平國君。匿弗肯復見。曰：『此天下辯士，所居傾國，故號爲平國君。』項王已約，乃引兵解而東歸。

楚漢春秋云：『上欲封之，乃肯見。曰「此天下之辯士，所居傾國，故號曰平國君」。』按：說歸太公、呂后，能和平邦國。

李奇曰：『信、越等未有益地之分也。』

漢欲西歸，張良、陳平說曰：『漢有天下太半，而諸侯皆附之。楚兵罷食盡，此天亡楚之時也，不如因其機而遂取之。今釋勿擊，此所謂「養虎自遺患」也。』漢王聽之。

漢五年，漢王乃追項王至陽夏南，止軍，與淮陰侯韓信、建成侯彭越期會而擊楚軍。至固陵，而信、越之兵不會。楚擊漢軍，大破之。漢王復入壁，深塹而自守。謂張子房曰：『諸侯不從約，爲之柰何？』對曰：『楚兵且破，信、越未有分地，其不至固宜。君王能與共分天下，今可立致也。即不能，事未可知也。君王能自陳以東傅海，盡與韓信；睢陽以北至穀城，以與彭越：使各自爲戰，則楚易敗也。』漢王曰：『善。』於是乃發使者告韓信、彭越曰：『并力擊楚。楚破，自陳以東傅海與齊王，睢陽以北至穀城與彭相國。』使者至，韓信、彭越皆報曰：『請今進兵。』韓信乃從齊往，劉賈軍從壽春并行，屠

城父，至垓下。大司馬周殷叛楚，以舒屠六，舉九江兵，隨劉賈、彭越皆會垓下，詣項王。

譯文

這時，漢軍兵多糧足，項王的軍隊兵疲糧絕。漢王派遣陸賈前去游說項王，請求釋放太公，項王不肯答應。漢王又派遣侯公前去游說項王，項王就同意和漢王議和，平分天下，劃鴻溝以西歸漢，鴻溝以東歸楚。項王同意了，就將漢王的父母妻子歸還。漢軍都高呼萬歲。漢王封侯公爲平國君。侯公藏了起來，不肯再見漢王，漢王說：『侯公這個人是天下最善辯的人，他所到的地方，一定會讓整個國家覆滅，因此封號爲平國君。』項王在與漢王訂立和約之後，就解除了軍事對峙的局面，帶領軍隊向東歸去。

漢王準備西歸的時候，張良、陳平勸漢王說：『大漢現在占領了大半個天下，而且那些諸侯也都歸附了我們。楚軍現在正值兵疲糧盡的時候，這是上天賜予的亡楚的機會啊，不如趁這個機會徹底消滅楚軍。現在放走項王不去攻打他，這就是所說的「養虎自遺患」。』漢王聽從了他們的建議。

漢五年，漢王追擊項王一直到陽夏南面，軍隊駐扎下來，與淮陰侯韓信、建成侯彭越定下盟約一

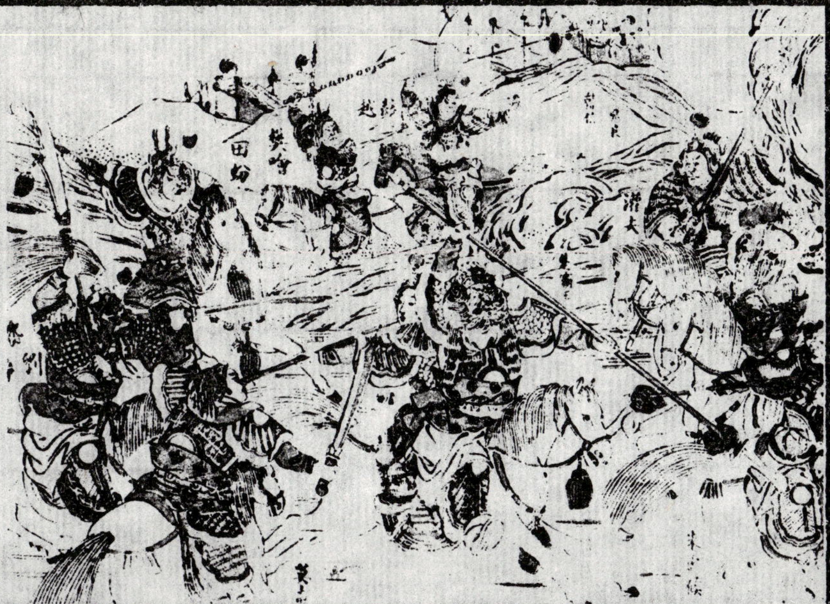

十面埋伏

起進攻楚軍。到達固陵的時候，韓信、彭越的軍隊沒趕來會合。楚軍攻打漢軍，漢軍大敗，漢王又進入營壘之中，深挖溝，固守不出。漢王對張子房說：『諸侯不遵守事先的約定，這該如何是好？』張子房回答說：『楚軍馬上就要潰敗了，韓信、彭越沒有得到一塊封地，他們不來同漢王會合是情理之中的事情。漢王如果能和他們共分天下，他們立刻就會前來援救。假如不能這樣，以後的事情就很難預料了。漢王能將陳縣以東一直到海邊的地區，全部劃分給韓信，睢陽以北一直到穀城，全部劃分給彭越，讓他們各自爲戰，那麼楚軍就很容易打敗。』漢王說：『好。』於是就派遣使者前去告訴韓信、彭越，說：『一起出兵攻打楚軍。楚軍崩潰後，從陳縣以東一直到海邊的地區全部給予齊王，睢陽以北一直到穀城的地區全部給予彭相國。』使者一到，韓信、彭越都回話說：『請允許我們立刻進兵攻打楚軍。』韓信從齊地出發，劉賈的軍隊從壽春出發，兩軍一起前進，屠毀了城父，一直來到垓下。大司馬周殷背叛了楚國，用舒地的兵力屠毀了六縣，將九江的全部士兵都調動起來，跟隨劉賈、彭越一起在垓下會集，與項王對峙陣前。

原文 項王軍壁垓下，兵少食盡，漢軍及諸侯兵圍之數重。夜聞漢軍四面皆楚歌，項王乃大驚曰：『漢皆已得楚乎？是何楚人之多也！』項王則夜起，飲帳中。有美人名虞，常幸從；駿馬名騅，常騎之。於是項王乃悲歌慷慨，自爲詩曰：『力拔山兮氣蓋世，時不利兮騅不逝。騅不逝兮可奈何，虞兮虞兮奈若何！』歌數闋，美人和之。項王泣數行下，左右皆泣，莫能仰視。

應劭曰：『楚歌者，謂雞鳴歌也。漢已略得其地，故楚歌者多雞鳴時歌也。』

於是項王乃上馬騎，麾下壯士騎從者八百餘人，直夜潰圍南出，馳走。平明，漢軍乃覺之，令騎將灌嬰以五千騎追之。項王渡淮，騎能屬者百餘人耳。項王至陰陵，迷失道，問一田父，田父紿曰『左』。

括地志云：『東城縣故城在濠州定遠縣東南五十里。』地理志云東城縣屬九江郡。

四面楚歌

左，乃陷大澤中。以故漢追及之。項王乃復引兵而東，至東城，乃有二十八騎。漢騎追者數千人。項王自度不得脫。謂其騎曰：『吾起兵至今八歲矣，身七十餘戰，所當者破，所擊者服，未嘗敗北，遂霸有天下。然今卒困於此，此天之亡我，非戰之罪也。今日固決死，願爲諸君快戰，必三勝之，爲諸君潰圍，斬將，刈旗，令諸君知天亡我，非戰之罪也。』乃分其騎以爲四隊，四鄉。漢軍圍之數重。項王謂其騎曰：『吾爲公取彼一將。』令四面騎馳下，期山東爲三處。於是項王大呼馳下，漢軍

皆披靡，遂斬漢一將。是時，赤泉侯爲騎將，追項王，項王瞋目而叱之，赤泉侯人馬俱驚，辟易數里。與其騎會爲三處。漢軍不知項王所在，乃分軍爲三，復圍之。項王乃馳，復斬漢一都尉，殺數十百人，復聚其騎，亡其兩騎耳。乃謂其騎曰：『何如？』騎皆伏曰：『如大王言。』

譯文　項王的軍隊在垓下構築壁壘，兵少糧盡，漢軍和各路諸侯軍隊將楚軍重重包圍。夜晚的時候，楚軍聽見四面八方的漢軍都在唱楚地的歌曲，項王非常吃驚，說道：『漢軍現在全部占領楚國了嗎？爲什麼楚國人如此衆多啊？』項王就夜間起身，來到帳幕下飲酒。有一個名叫虞姬的美人，項王十分寵愛她，行軍作戰的時候經常把她帶在身邊。項王有一匹名叫騅的駿馬，他經常騎着它在戰場上奮勇殺敵。於是，項王慷慨悲歌，自己作詩吟唱道：『力拔山兮氣蓋世，時不利兮騅不逝。騅不逝兮可奈何，虞兮虞兮奈若何！』接連唱了好幾遍，虞姬跟着他一起吟唱，項王悲極而泣，淚下數行，左右侍從也都跟着俯首哭泣，悲痛得抬不起頭來。

虞姬舞劍

相傳，在垓下隨侍霸王的虞姬，愴然拔劍起舞，并以歌和之：『漢兵已略地，四方楚歌聲；大王意氣盡，賤妾何聊生。』歌罷自刎，以斷項羽後顧私情，希冀能激起項羽的鬥志，使楚軍成功突圍。

於是項王上馬想要突出重圍，跟隨他一起的壯士一共有八百多人，他們連夜衝破包圍，向南飛奔而去。天亮之後，漢軍才發覺項羽逃跑，將領灌嬰帶領五千騎兵追擊項王。項王渡過淮水，剩下跟從的騎兵衹有一百多人。項王到達陰陵的時候，迷了路，詢問一個種田的人，種田的人欺騙他說：『往左走。』項王向左逃去，結果陷入了一大片沼澤地中。因爲這個原因漢軍才追上了項王。項王就又帶着士兵向東，到東城的時候，衹剩下二十八個騎兵了。而追趕項羽的漢軍有幾千名騎兵。項王估計自己是脫不了身了，就對他的騎兵說：『我起兵到現在一共有八年了，親身經歷過七十多次仗，誰敢抵擋我，我就將他打垮，我所攻擊的人，沒有不降服的，我從來沒打過敗仗，所以才能稱霸天下。但是現在我被圍困在這個地方，這是上天想要我滅亡啊，并不是我打仗的過錯。今天本就要決心戰死，我願意爲各位痛痛快快地打一仗，一定會連勝三次，希望能幫助各位成功突破重圍，斬殺敵將，砍倒敵人軍旗，讓大家知道是上天要滅亡我，而并不是我打仗的過錯。』項王將他的騎兵分成四隊，面向四個方向，漢軍把項王層層包圍。項王對他的騎兵說：『我爲你們取來他們一個將領的首級。』項王命令騎兵向四個方向疾馳而去，約定在山的東面會合爲三處。於是項王大聲喊叫着，飛奔衝去，漢軍頓時驚惶失措，項王眞的斬殺了一個漢軍將領。正在這個時候，赤泉侯做騎兵將領，追趕項王，項王圓睜怒目，大吼一聲，赤泉侯連人帶馬都感到很驚恐，接連倒退了好幾里。項王和他的騎兵在約定地點合爲三處。漢軍不知道項王在哪裏，就將軍隊分爲三部分，重新將項王包圍起來。項王騎馬突圍，又成功斬殺了一個漢軍的都尉，殺死了數十百人，再將他的騎兵召集到一起，他的騎兵衹死掉了兩個。項王就對他的騎兵說：『怎麽樣？』騎兵都跪在地上佩服地說：『正如大王所說的一樣。』

原文

於是項王乃欲東渡烏江。烏江亭長檥船待，謂項王曰：『江東雖小，地方千里，衆數十萬人，亦足王也。願大王急渡。今獨臣有船，

地理志云中水縣屬涿郡。

漢軍至，無以渡。』項王笑曰：『天之亡我，我何渡爲！且籍與江東子弟八千人渡江而西，今無一人還，縱江東父兄憐而王我，我何面目見之？縱彼不言，籍獨不愧於心乎？』乃謂亭長曰：『吾知公長者。吾騎此馬五歲，所當無敵，嘗一日行千里，不忍殺之，以賜公。』乃令騎皆下馬步行，持短兵接戰。獨籍所殺漢軍數百人。項王身亦被十餘創。顧見漢騎司馬呂馬童，曰：『若非吾故人乎？』馬童面之，指王翳曰：『此項王也。』項王乃曰：『吾聞漢購我頭千金，邑萬戶，吾爲若德。』乃自刎而死。王翳取其頭，餘騎相蹂踐爭項王，相殺者數十人。最其後，郎中騎楊喜、騎司馬呂馬童，郎中呂勝、楊武各得其一體。五人共會其體，皆是。故分其地爲五：封呂馬童爲中水侯，封王翳爲杜衍侯，封楊喜爲赤泉侯，封楊武爲吳防侯，封呂勝爲涅陽侯。

項王已死，楚地皆降漢，獨魯不下。漢乃引天下兵欲屠之，爲其

守禮義，爲主死節，乃持項王頭視魯，魯父兄乃降。始，楚懷王初封項籍爲魯公，及其死，魯最後下，故以魯公禮葬項王穀城。漢王爲發哀，泣之而去。

諸項氏枝屬，漢王皆不誅。乃封項伯爲射陽侯。桃侯、平皋侯、玄武侯皆項氏，賜姓劉。

楚霸王自刎烏江

想昔日君中霸王手下
有八千子弟逞盡豪強
次後自刎烏江
霸王英雄世無雙
鴻門會上氣昂昂
時去烏江身死世
霸王不免也無常
又説昔日韓信當時逞

譯文

於是項王想要向東渡過烏江，烏江亭長將船靠在岸邊等着項王。他對項王說：『江東地方雖小，但是也縱橫上千里，有數十萬民衆，足夠讓您稱王。希望大王能夠趕快渡江。現在這裏衹有我這一條船，即使漢軍來到這，也沒有船渡江。』項王笑着說：『上天要讓我滅亡，我渡江又能怎麼樣呢！何

況當初我和江東八千子弟渡江向西進軍，現在卻沒有一個人回來，即使江東的父兄可憐我，讓我在江東稱王，我又有什麼臉面去見這些江東父老呢？即使他們不說什麼，我項籍自己難道不心裏有愧嗎？」最後項王對亭長說：『我知道你是個忠厚的長者。我騎這匹馬已經五年了，它縱橫沙場所向無敵，曾經一日奔馳千里，我不忍心將它殺死，就將它送給你吧。』就命令騎兵都下馬步行，用短兵接戰。項籍一個人就殺死了幾百個漢軍。項王也受了十多處傷。項籍回頭看見漢軍的騎兵司馬呂馬童，說：『你不是我的老朋友嗎？』呂馬童看着項王，指給王翳說：『這位就是項王。』項王說：『我聽說漢軍用一千斤黃金、一萬戶的封賞來購買我的頭，我爲你做件好事吧。』於是項羽自刎而死。王翳割了項王的頭，其他騎兵彼此爭鬥起來，都想要爭奪項王的尸體，自相殘殺，死了幾十人。最後，郎中騎楊喜，騎兵司馬呂馬童，郎中呂勝、楊武各自得到了項王的一段身體。五個人把肢體合攏起來，都確實是項王的。所以漢王將準備封賞的土地分爲五個部分：封呂馬童爲中水侯，王翳爲杜衍侯，楊喜爲赤泉侯，楊武爲吳防侯，呂勝爲涅陽侯。

項王已經死了，楚國各地都紛紛投降漢軍，衹有魯城堅持不肯投降。漢王就親自帶領天下士兵準備屠毀魯城。因爲他們堅守禮義之道，爲主人以死守節，漢王就命人拿出項王的頭給魯城人看，魯城的父兄這才投降。最開始的時候，楚懷王曾經封項籍爲魯公，等到項籍死後，魯城又最後投降，因此用魯公的禮儀將項王埋葬在穀城。漢王爲項王舉行喪禮，哭了一場後，離開了魯城。

各支項氏的宗族，漢王都沒有誅殺。漢王封項伯爲射陽侯。桃侯、平皋侯、玄武侯都是項氏宗族，賜姓劉。

原文　太史公曰：吾聞之周生曰：『舜目蓋重瞳子。』又聞項羽亦重瞳子。羽豈其苗裔邪？何興之暴也！夫秦失其政，陳涉首難，豪傑蜂起，相與并爭，不可勝數。然羽非有尺寸，乘勢起隴①畝之中，三年，遂將五諸侯滅秦，分裂天下，而封王侯，政由羽出，號爲『霸王』，位雖不終，近古以來未嘗有也。及羽背關懷楚，放逐義帝而自立，怨王侯叛己，難矣。自矜功伐，奮其私智而不師古，謂霸王之業，欲以力征經營天下，五年卒亡其國，身死東城，尚不覺寤而不自責，過矣。

徐廣曰：『漢五年之十二月也。項王以始皇十五年己巳歲生，死時年三十一。』

孔文祥云：『周生，漢時儒者，姓周也。』按：太史公云『吾聞之周生』，則是漢人，與太史公耳目相接明矣。

乃引『天亡我，非用兵之罪也』，豈不謬哉！

注釋 ①隴：同『壟』。

譯文 太史公說：我聽說周生曾經說過『舜的眼睛大概有兩個瞳孔』，又聽說項羽也是兩個瞳孔。難道項羽是舜的後裔嗎？否則爲什麽會那麽迅速地興起呢？秦朝政治腐敗，陳涉率先發難，接着天下豪傑四起，互相爭奪，不可勝數。但是項羽毫無憑借，發迹於民間，衹用了三年時間，就率領五路諸侯軍將暴秦消滅，分割天下，封王建侯，自己頒布各種政令，自稱『霸王』，地位雖然沒有保持到最後，但近古以來，從沒有出現過這樣的事情。等到項羽放棄關中，想念楚地，放逐義帝在楚地自立爲王，抱怨王侯將相背叛自己的時候，時局已經到了難以控制的危險時刻了。項羽誇耀自己的功勛，衹憑自己的想法去逞强，不仿效古人的做法，認爲所謂的霸王基業，需要用武力來經營天下，衹用了五年的時間，他親手建立起的國家覆滅了，他自己身死東城，卻還沒有覺悟，不進行自我譴責，這就是他的錯了。項羽說『是上天要我滅亡，不是我打仗的過錯』，這樣的話豈不是太荒謬了嗎？

賞析 秦二世的殘暴腐朽，給人民造成了無窮無盡的災難。大澤鄉陳勝揭竿而起，各地紛紛響應，我國歷史上第一次大規模農民起義的烈火迅猛地燃遍全國。項羽，就是在這場轟轟烈烈的農民大起義中涌現出來的一位英雄，一個悲劇式的英雄。他勇猛善戰，叱咤風雲，顯赫一時，在擊敗秦軍，推翻秦王朝的過程中建立了巨大的功績；但在推翻秦朝統治以後，他目光短淺，策略錯誤，企圖恢復春秋、戰國時代的封建貴族政治，加之燒殺破壞，終於喪失民心，軍敗身亡。

《項羽本紀》以描繪項羽這一人物的形象、刻畫這一人物的性格爲主，同時也生動地叙寫了戰爭。在廣闊的歷史背景下寫人，在寫人的過程中寫戰爭，二者相得益彰。戰爭因人物而生動、壯觀，人物因戰爭而更顯生動、奇偉。本篇在刻畫人物性格方面，運用了多種藝術手法。項羽少時的粗疏學淺，長大以後的勇力過人，衹是略略幾筆帶過，直到消滅秦軍主力、扭

西楚霸王

轉戰局的鉅鹿大戰，破釜沉舟，威震諸侯，也還衹是從側面用筆，通過寫諸侯軍的觀望、恐懼、畏服，把一個鐵骨錚錚的硬漢展現在讀者眼前。在進行粗綫條的勾勒，有意地誇張了整體之後，司馬遷抓住了幾個點睛之處，工筆細描，刻意求精。鴻門宴場面的極力鋪排，垓下之圍悲劇氣氛的縱筆渲染，烏江自刎時神態的精雕細刻，都寫得活靈活現，有形有神，有言有情，形與神、言與情融合一體。

《項羽本紀》是《史記》傳記中最精彩的一篇，達到了思想和藝術的高度統一。它猶如一幅逼真傳神的英雄肖像畫，色彩鮮明；又像一張秦漢之際的政治軍事形勢圖，錯綜有序。通篇文章氣勢磅礴，情節起伏，場面壯闊，脈絡清楚，疏密相間，語言生動，成爲我國文學史上的一篇不朽佳作。文中破釜沉舟、鴻門宴、四面楚歌、烏江自刎等故事，早已家喻戶曉，歷代傳誦。

集評 【索隱述贊】亡秦鹿走，僞楚狐鳴。雲鬱沛谷，劍挺吳城。勛開魯甸，勢合碭兵。卿子無罪，亞父推誠。始救趙歇，終誅子嬰。違約王漢，背關懷楚。常遷上游，臣迫故主。靈壁大振，成皐久拒。戰非無功，天實不與。嗟彼蓋代，卒爲凶豎。

高祖本紀

題解 《高祖本紀》選自《史記》卷八，本紀第八。本篇記述了漢高祖劉邦起事反秦、與項羽楚漢爭霸、立國後平定各方叛亂的事迹。秦皇漢武，唐宗宋祖，都是古代的著名帝王。這篇傳記，將一個大漢開國君主的形象展現在讀者面前。

原文 高祖，沛豐邑中陽里人，姓劉氏，字季。父曰太公，母曰劉媪。其先劉媪嘗息大澤之陂，夢與神遇。是時雷電晦冥，太公往視，則見蛟龍於其上。已而有身，遂產高祖。

高祖爲人，隆準而龍顔，美須髯，左股有七十二黑子。仁而愛人，喜施，意豁如也。常有大度，不事家人生產作業。及壯，試爲吏，爲泗水亭長，廷中吏無所不狎侮。好酒及色。常從王媪、武負貰酒，醉臥，武負、王媪見其上常有龍，怪之。高祖每酤留飲，酒讎數倍。及見怪，歲竟，此兩家常折券棄責。

漢書音義曰：『諱邦。』張晏曰：『禮謚法無「高」，以爲功最高而爲漢帝之太祖，故特起名焉。』

康成云：『傳別，謂大手書於札中而別之也。』然則古用簡札書，故可折。至歲終總棄不責也。

漢高祖

譯文　高祖是沛縣豐邑的中陽里人，姓劉，字季。他的父親名叫太公，母親叫劉媼。早先劉媼曾在大湖的岸邊休息，在夢裏和神相交合。當時電閃雷鳴，天地昏暗。太公前去察看劉媼，發現一條蛟龍趴在她身上。不久劉媼有了身孕，於是生下了高祖。

高祖長着高鼻梁，有和龍一樣豐滿額角，鬢角和胡須都很漂亮，他的左邊大腿長有七十二顆黑痣。他仁厚愛人，樂善好施，胸襟廣闊。總是有遠大的抱負，不從事那些普通百姓的生產之事。等到了壯年之時，曾做過官吏，當上了泗水亭長，廷中的官吏沒有一個不和他相熟，沒被他戲弄過的。他喜好喝酒和女色。經常到王媼和武負的酒肆賒酒，醉了就臥睡在那裏，武負和王媼看到他的上方常常盤踞着一條龍，覺得很奇怪。高祖每次來到酒肆中喝酒，酒肆的酒都要比平時多賣幾倍。發覺了這些奇怪的現象之後，到了年終，這兩家酒肆常常會折毁所記的賬目，不再向高祖討債。

原文　高祖常繇①咸陽，縱觀，觀秦皇帝，喟然太息曰：『嗟乎，大丈夫當如此也！』

單父人呂公善沛令，避仇從之客，因家沛焉。沛中豪桀②吏聞令有重客，皆往賀。蕭何爲主吏，主進，令諸大夫曰：『進不滿千錢，坐之堂下。』高祖爲亭長，素易諸吏，乃紿爲謁曰『賀錢萬』，實不持一錢。謁入，呂公大驚，起，迎之門。呂公者，好相人，見高祖狀貌，因重敬之，引入坐。蕭何曰：『劉季固多大言，少成事。』高祖因狎侮諸客，遂坐上坐，無所詘③。酒闌，呂公因目固留高祖。高祖竟酒，後。呂公曰：『臣少好相人，相人多矣，無如季相，願季自愛。臣有息女，原爲季箕帚妾。』酒罷，呂媪怒呂公曰：『公始常欲奇此女，

不敢對衆顯言，故目動而留之。

服虔曰：『告音如「嗥呼」之「嗥」。』李斐曰：『休謁之名也。吉曰告，凶曰寧。』

與貴人。沛令善公，求之不與，何自妄許與劉季？』呂公曰：『此非兒女子所知也。』卒與劉季。呂公女乃呂后也，生孝惠帝、魯元公主。

高祖爲亭長時，常告歸之田。呂后與兩子居田中耨，有一老父過請飲，呂后因餔之。老父相呂后曰：『夫人天下貴人。』令相兩子，見孝惠，曰：『夫人所以貴者，乃此男也。』相魯元，亦皆貴。老父已去，高祖適從旁舍來，呂后具言客有過，相我子母皆大貴。高祖問，曰：『未遠。』乃追及，問老父。老父曰：『鄉者夫人嬰兒皆似君，君相貴不可言。』高祖乃謝曰：『誠如父言，不敢忘德。』及高祖貴，遂不知老父處。

高祖爲亭長，乃以竹皮爲冠，令求盜之薛治之，時時冠之，及貴常冠，所謂『劉氏冠』乃是也。

注釋 ①常：通『嘗』，曾經。繇：通『徭』，服徭役。②桀：同『傑』。③詘：同『屈』，謙讓。

譯文 高祖曾經前往咸陽去服徭役，一次秦始皇出巡，允許人們隨意觀看，他見到了秦始皇，就長嘆一聲說：『唉，大丈夫就應該是這個樣子！』

單父人呂公和沛縣縣令向來交好，他爲避仇而投奔到縣令這裏來做客，於是就把家遷到了沛縣。沛縣的豪傑和官吏們聽說縣令家來了貴客，都前往送禮道賀。蕭何當時是縣令的屬官，主管收禮等事宜，他對來送禮的各位貴客說：『送禮不到一千錢的，在堂下坐。』高祖擔任亭長，一向看不起那些官吏，因此就在進見的名貼上謊稱『賀萬錢』，實際上他沒有帶一個錢。名帖遞進去後，呂公很驚訝，起身，到門口去迎接高祖。呂公這個人，喜好爲人相面，見到高祖的相貌，就非常敬重他，帶他到堂上坐下。蕭何說：『劉季向來愛說大話，很少做成什麼事。』高祖得到呂公的敬重，想要趁機戲弄堂上客人，就自己坐到了上座，一點也不謙讓。酒席將要散盡之時，呂公遞眼色示意高祖一定要留下來。高祖喝完酒，就留在了後面。呂公說：『我年輕的時候就喜好爲人相面，相過的人也很多了，從沒見過你劉季這樣富貴的相貌，希望你劉季好自珍重。我有個親生女兒，願意許給你劉季做執帚灑掃的妻子。』

酒席散後，呂媪對呂公十分生氣，說：『你起初總是想讓女兒與衆不同，把她許配給貴人。沛縣縣令和你交好，想娶女兒你沒答應，爲何現在自作主張把她許配給了劉季？』呂公說：『這道理不是婦孺之輩所能夠理解的。』終於還是將女兒許配給了劉季。呂公的女兒就是後來的呂后，生下了孝惠帝、魯元公主。

高祖在任亭長之時，經常請假回家。呂后和兩個孩子正在田中除草，有一個老人經過，討要水喝，於是呂后就給了他一些飯。老人就爲呂后相面，說：『夫人將來必定成爲天下的貴人。』呂后讓老人爲兩個孩子相面。老人見到孝惠，說：『夫人之所以尊貴，都是因爲這個孩子。』看看魯元，也是顯貴之相。老人已經離開了，高祖恰好從旁舍趕來田間，呂后就說有位客人曾路過這裏，爲我們母子相面，說我們都是大貴之人。高祖就問老人現在何方，呂后說：『走了沒多遠。』高祖就趕上了老人，詢問老人。老人說：『剛剛看過夫人和孩子的面相，他們都與您相像，您的面相，貴不可言。』高祖就道謝說：『倘若眞的像老人家您所說的，我絕不會忘記您的恩德。』等到高祖後來顯貴，已經不知道老人身在何方了。

高祖擔任亭長時，曾用竹皮做帽子，這頂帽子是他讓求盜前往薛縣製成的，他常常把帽子戴在頭上，等到顯貴之後，也仍是常常戴着，所謂的『劉氏冠』說的就是這樣的帽子。

原文 高祖以亭長爲縣送徒酈山，徒多道亡。自度比至皆亡之，到豐西澤中，止飲，夜乃解縱所送徒。曰：『公等皆去，吾亦從此逝矣！』徒中壯士願從者十餘人。高祖被酒，夜徑澤中，令一人行前。行前者還報曰：『前有大蛇當徑，願還。』高祖醉，曰：『壯士行，何畏！』乃前，拔劍擊斬蛇。蛇遂分爲兩，徑開。行數里，醉，因臥。後人來至蛇所，有一老嫗夜哭。人問何哭，嫗曰：『人殺吾子，故哭之。』人曰：『嫗子何爲見殺？』嫗曰：『吾，白帝子也，化爲蛇，當道，今爲赤帝子斬之，故哭。』人乃以嫗爲不誠，欲告之，嫗因忽不見。後人至，高祖覺。後人告高祖，高祖乃心獨喜，自負。諸從者日益畏之。

按：其蛇大，理須別求是劍斬之。三尺劍者，常佩之劍。括地志云：『斬蛇溝源出徐州豐縣中平地，故老云高祖斬蛇處，至縣西十五里入泡水也。』

秦始皇帝常曰『東南有天子氣』，於是因東游以厭之。高祖即自疑，亡匿，隱於芒、碭山澤巖石之間。呂后與人俱求，常得之。高祖怪問之。呂后曰：『季所居上常有雲氣，故從往常得季。』高祖心喜。沛中子弟或聞之，多欲附者矣。

京房易候云：『何以知賢人隱？』師曰：『四方常有大雲，五色具而不雨，其下有賢人隱矣。』故呂后望雲氣而得之。

譯文 高祖由於擔任亭長而爲縣裏押送徒役前往驪山，徒役很多都在路上逃走了。他私下裏估計，等到了驪山，徒役應該都逃光了。於是到了豐邑西方的沼澤地帶，他就停了下來飲酒，到了夜裏高祖就放走了自己所押送的全部徒役。高祖說：『大家都散了吧，從這以後我也一去不返了。』徒役裏面有十幾個年少力壯的願意跟從高祖。高祖帶着酒意，趁夜從小路穿過這片沼澤，讓一個人在前面探路。走在前面探路的人歸來報告說：『前方有一條大蛇擋在路上，還請回去吧。』高祖有些醉了，說：『勇士走路，有什麼好怕的！』因此上前，拔劍擊蛇，蛇就被斬成兩段，道路通暢了。又前行了幾里地，高祖酒性發作，就躺下來休息。後面的人走到蛇剛才所在的地方，見到一個老太太在夜裏哭泣。人們就問她爲何啼哭，老太太說：『有個人殺死了我的兒子，因此我在這兒哭。』人們就說：『老太太，你的兒子爲何被殺死了？』老太太說：『我的兒子其實是白帝的兒子，變身爲蛇，擋在路中間，而今被赤帝的兒子斬爲兩段，因此我才哭。』人們都覺得老太太并不誠實，打算給她些苦頭吃，老太太卻忽然消失了。落在後面的人來到高祖睡覺的地方，高祖已然醒了。他們就把之前發生的事情告訴了高祖，高祖聽後心裏暗自高興，自覺身世不凡。那些跟從他的人也對他日漸敬畏起來。

始皇帝總說『東南有天子氣』，所以就巡游東方，以鎮壓東南方的天子之氣。高祖就猜測這件事和自己有關，就逃走躲了起來，隱居在芒山、碭山附近的山澤與巖石之間。呂后與別人一同尋找，總是能找到高祖。高祖很是奇怪，就向呂后詢問。呂后說：『你所在的地方，上方總會伴有雲氣，所以朝着有雲氣的地方尋找，總能找到你。』高祖心裏十分高興。沛縣中的子弟有的聽說了這件事，很多都想要跟隨他了。

原文 秦二世元年秋，陳勝等起蘄，至陳而王，號爲『張楚』。諸郡縣皆多殺其長吏以應陳涉。沛令恐，欲以沛應涉。掾、主吏蕭何、曹參乃曰：『君爲秦吏，今欲背之，率沛子弟，恐不聽。願君召諸亡在漢書作『數百人』。劉伯莊云『言數十人或至百人』，則是百人已下也。

能，才能也。高祖謙言材能薄劣，不能完全其衆。能者，獸，形色似熊，足似鹿。爲物堅中而強力，人之有賢才者，皆謂之能也。

外者，可得數百人，因劫衆，衆不敢不聽。』乃令樊噲召劉季。劉季之衆已數十百人矣。

於是樊噲從劉季來。沛令後悔，恐其有變，乃閉城城守，欲誅蕭、曹。蕭、曹恐，踰城保劉季。劉季乃書帛射城上，謂沛父老曰：『天下苦秦久矣。今父老雖爲沛令守，諸侯并起，今屠沛。沛今共誅令，擇子弟可立者立之，以應諸侯，則家室完。不然，父子俱屠，無爲也。』父老乃率子弟共殺沛令，開城門迎劉季，欲以爲沛令。劉季曰：『天下方擾，諸侯并起，今置將不善，壹敗塗地。吾非敢自愛，恐能薄，不能完父兄子弟。此大事，願更相推擇可者。』蕭、曹等皆文吏，自愛，恐事不就，後秦種族其家，盡讓劉季。諸父老皆曰：『平生所聞劉季諸珍怪，當貴，且卜筮之，莫如劉季最吉。』於是劉季數讓。衆莫敢爲，乃立季爲沛公。祠黃帝，祭蚩尤於沛庭，而釁鼓旗，幟皆赤。由所殺蛇白帝子，殺者赤帝子，故上①赤。於是少年豪吏如蕭、曹、樊噲等皆爲收沛子弟二三千人，攻胡陵、方與，還守豐。

注釋　①上：同『尚』，崇尚。

譯文　秦二世元年的秋天，陳勝等人在蘄縣發動起義，來到陳縣後自立爲王，號稱『張楚』。很多郡縣的人民都殺掉本縣長官以響應陳勝。沛縣縣令十分惶恐，打算用沛縣應和陳勝。主吏蕭何和獄掾曹參就對他說：『您擔任着秦朝的官吏，現在想要背叛秦朝起事，統領沛縣的子弟，恐怕他們不會聽從您的命令。希望您召回那些逃亡在外的人，能夠得到幾百人。可以以此來脅持衆人，群衆沒有誰敢不聽您的話。』縣令就命令樊噲前去召回劉季，劉季的隊伍已經有數百人之多了。

如此樊噲就跟從劉季來到了沛縣。沛縣縣令十分後悔，深怕發生什麼變故，就關閉了城門，并命人防守，想要誅殺蕭何和曹參。蕭何、曹參害怕了，就越過城牆投靠了劉季。劉季就寫了一封信在帛上，射入城中，告知沛縣的父老說：『天下百姓因爲秦朝的暴政受苦已經很長時間了。而今父老雖然能夠替沛令守城，但天下諸侯全都起事，城破後就會屠殺沛縣百姓。要是現在沛縣的父老一起殺掉沛縣縣令，選出子弟中能夠立爲首領的人做領袖，以此來應和別的諸侯，這樣身家性命才能得以保全。否則，父子全都被殺死，一點意義都沒有。』百姓們就率領子弟一起殺死了沛令，開放城門，迎進劉季，想要讓他做沛縣縣令。劉季說：『天下正値混亂，諸侯紛紛起事，而今要是選出的將領無法勝任，就將一敗塗地。我幷非心疼自己的性命，而是怕自己才力淺薄，難以保全父兄子弟的周全。這是大事啊，希望你們能另選一位可以擔此重任之人。』蕭何與曹參等人都是文官，都很吝惜自己的性命，害怕事情無法成功，過後秦朝會誅殺他們全族的性命，因此都推讓給劉季。百姓們也都說：『我們常常聽說劉季的一些奇異之事，看起來劉季本該就是顯貴的，而且占卜了這件事，沒有誰比劉季更吉利的。』如此劉季謙讓再三。百姓們沒有誰敢擔任，於是還是選劉季擔任沛公。就在沛縣縣衙的庭院中祭祀了黃帝和蚩尤，幷以牲血塗抹鼓旗。旗子都成了紅色。這是由於劉季所斬殺的蛇是白帝之子，殺蛇的人是赤帝之子，因此崇尚紅色。因此少年子弟以及有權勢的官吏，如蕭何、曹參和樊噲這些人都開始替沛公召集兵員，有兩三千人，攻下了胡陵、方與，然後撤軍固守在豐邑。

原文

秦二世二年，陳涉之將周章軍西至戲而還。燕、趙、齊、魏皆自立爲王。項氏起吳。秦泗川監平將兵圍豐，二日，出與戰，破之。命雍齒守豐，引兵之薛。泗州守壯敗於薛，走至戚，沛公左司馬得泗川守壯，殺之。沛公還軍亢父，至方與，未戰。陳王使魏人周市略地。周市使人謂雍齒曰：『豐，故梁徙也。今魏地已定者數十城。齒今下魏，魏以齒爲侯守豐。不下，且屠豐。』雍齒雅不欲屬沛公，及魏招之，即反爲魏守豐。沛公引兵攻豐，不能取。沛公病，還之沛。沛公怨雍齒與豐子弟叛之，聞東陽寧君、秦嘉立景駒爲假王，在留，乃往從之，欲請兵以攻豐。是時秦將章邯從陳，別將司馬枿將兵北定楚地，屠相，至碭。東陽寧君、沛公引兵西，與戰蕭西，不利。還收兵聚留，引兵攻碭，三日乃取碭。因收碭兵，得五六千人。攻下邑，拔之。還軍豐。聞項梁在薛，從騎百餘往見之。項梁益沛公卒五千人，五大夫將十人。沛公還，引兵攻豐。

文穎曰：『泗川，今沛郡也，高祖更名沛。秦時御史監郡，若今刺史。平，名也。』

蘇林曰：『五大夫，第九爵也。以五大夫爲將，凡十人也。』

李奇曰：『振，整也。』如淳曰：『振，起也。收敗卒自振迅而復起也。』

從項梁月餘，項羽已拔襄城還。項梁盡召別將居薛。聞陳王定死，因立楚後懷王孫心爲楚王，治盱臺。項梁號武信君。居數月，北攻亢父，救東阿，破秦軍。齊軍歸，楚獨追北，使沛公、項羽別攻城陽，屠之。軍濮陽之東，與秦軍戰，破之。

譯文　秦二世二年時，陳勝的將領周章帶領軍隊向西挺進到戲水，然後返回。燕、趙、齊、魏全都自封爲王。項梁和項羽在吳地起兵。秦朝泗川郡的郡監平率領部隊包圍豐邑，過了兩天，沛公發兵迎戰，一舉擊敗秦軍。沛公讓雍齒把守豐邑，自己帶兵前往薛縣，泗川郡的郡守壯在薛縣被打敗，逃往戚縣。沛公左司馬捉到了泗川郡的郡守壯，殺掉了他。沛公撤軍回到亢父，來到方與，未曾遇戰。陳王陳勝派遣魏人周市攻略城地。周市讓人帶話給雍齒說：『豐邑，本來就是梁王曾遷徙到的地方。現在魏地已被攻下來的城池有數十座，你雍齒要是降魏，魏就會封你爲侯，守衛豐邑。要是不投降，我就要血洗豐邑。』雍齒開始就不情願跟從沛公，等到魏國要招降他，馬上就背叛沛公，爲魏守衛豐邑。沛公帶兵攻打豐邑，無法攻下。沛公生病，就撤軍回到沛縣。沛公痛恨雍齒及豐邑的子弟都背叛了他，

聽到東陽寧君、秦嘉立景駒爲假王，在留縣住，就前去投靠他們，打算借兵去攻打豐邑。當時，秦朝大將章邯追擊陳王，別將司馬枿率領部隊向北攻占了楚地，血洗了相縣，來到碭縣。東陽寧君與沛公帶領部隊向西進發，和別將在蕭縣的西方交戰，戰況并不好。撤軍後收集殘兵，屯聚在留縣，然後帶兵攻打碭縣，三天就攻占了碭邑。於是收編了碭縣的降兵，聚集了五六千人。然後攻打下邑，占領了下邑。撤軍回到豐邑。沛公聽到項梁的部隊駐扎在薛縣，就帶着隨從騎兵一百多人前去會見項梁。項梁增撥了五千士兵給沛公，五大夫級別的將領十人。沛公返回，率部隊攻打豐邑。

沛公跟從項梁有一個多月，項羽已然攻占了襄城并返回。項梁召集了各路將領來到薛縣。聽到陳王的確死了，就改立楚國的後人楚懷王的孫子心爲楚王，定都在盱臺。項梁自號爲武信君。等了幾個月，楚軍北進攻打亢父，救下了東阿被包圍的齊軍，擊潰秦軍。齊軍撤軍回齊，楚軍獨自追擊敗走的秦兵，讓沛公和項羽另外率領軍隊攻擊城陽，他們屠戮了城中的軍民。之後沛公、項羽帶部隊駐扎在濮陽的東面，和秦軍交戰，打敗了秦軍。

原文　秦軍復振，守濮陽，環水。楚軍去而攻定陶，定陶未下。沛

蘇林音如字。鄭德音『遏絶』之『遏』。徐廣音烏轄反。今依字讀之也。

韋昭云：『函谷、武關也。』又三輔舊事云：『西以散關爲界，東以函谷爲界，二關之中謂之關中。』

公與項羽西略地至雍丘之下，與秦軍戰，大破之，斬李由。還攻外黃，外黃未下。

項梁再破秦軍，有驕色。宋義諫，不聽。秦益章邯兵，夜銜枚擊項梁，大破之定陶，項梁死。沛公與項羽方攻陳留，聞項梁死，引兵與呂將軍俱東。呂臣軍彭城東，項羽軍彭城西，沛公軍碭。

章邯已破項梁軍，則以爲楚地兵不足憂，乃渡河，北擊趙，大破之。當是之時，趙歇爲王，秦將王離圍之鉅鹿城，此所謂河北之軍也。

秦二世三年，楚懷王見項梁軍破，恐，徙盱臺都彭城，并呂臣、項羽軍自將之。以沛公爲碭郡長，封爲武安侯，將碭郡兵。封項羽爲長安侯，號爲魯公。呂臣爲司徒，其父呂青爲令尹。

趙數請救，懷王乃以宋義爲上將軍，項羽爲次將，范增爲末將，北救趙。令沛公西略地入關。與諸將約，先入定關中者王之。

譯文

秦軍重新振作起來，開始堅守濮陽，依靠河水守衛。楚軍離開這裏，轉而攻打定陶，定陶沒能攻下。沛公和項羽向西進發，攻城略地，一直打到了雍丘城下，和秦軍交戰，大敗秦軍，斬殺了李由。撤軍時攻打外黃，外黃并沒能攻下。

項梁多次擊敗秦軍，漸漸有驕傲之色。宋義就勸誡他，他沒有聽取。秦出兵支援章邯，趁夜襲擊項梁，在定陶大敗項梁，項梁力戰而死。沛公和項羽當時正攻打陳留，聽到項梁已死，就率領部隊與呂將軍一同東進。呂臣的部隊駐扎在彭城以東，項羽駐軍在彭城以西，沛公的部隊駐軍在碭。

章邯已經擊潰了項梁的部隊，就覺得楚地的部隊用不着擔心了，於是橫渡黃河，向北進發攻擊趙地，大敗趙軍。那個時候，趙歇是趙王，秦國大將王離在鉅鹿城圍住了趙歇。圍困鉅

巫山神女

戰國時楚懷王游高唐，夢與女神相遇，女神自薦枕席，後宋玉陪侍襄王游雲夢時，作《高唐賦》與《神女賦》追述其事。

遣長者扶持仁義而西，告諭秦長少，令降下也。

鹿的部隊就是所謂的『河北之軍』。

秦二世三年時，楚懷王見到項梁的部隊被打敗了，十分恐慌，就遷離了盱臺，定都在彭城，聚合了呂臣與項羽的部隊，親自統領。任命沛公爲碭郡長，并封爲武安侯，統率碭郡的部隊。封項羽爲長安侯，號爲魯公。呂臣被封爲司徒，他的父親呂青被封爲令尹。

趙王再三請求支援，楚懷王就任命宋義爲上將軍，任命項羽爲次將，任命范增爲末將，向北進發救趙。讓沛公向西略地，進攻關中。他和衆將領們約定，誰最先進入關中，就封爲誰爲關中的王。

原文 當是時，秦兵強，常乘勝逐北，諸將莫利先入關。獨項羽怨秦破項梁軍，奮，原與沛公西入關。懷王諸老將皆曰：『項羽爲人僄悍猾賊。項羽嘗攻襄城，襄城無遺類，皆坑之，諸所過無不殘滅。且楚數進取，前陳王、項梁皆敗。不如更遣長者扶義而西，告諭秦父兄。秦父兄苦其主久矣，今誠得長者往，毋侵暴，宜可下。今項羽僄悍，不可遣。獨沛公素寬大長者，可遣。』卒不許項羽，而遣沛公西略地，收陳王、項梁散卒。乃道碭至成陽，與杠里秦軍夾壁，破秦二軍。楚軍出兵擊王離，大破之。

地理志云昌邑縣屬山陽。括地志云：『在曹州成武縣東北三十二里，有梁丘故城是也。』

沛公引兵西，遇彭越昌邑，因與俱攻秦軍，戰不利。還至栗，遇剛武侯，奪其軍，可四千餘人，并之。與魏將皇欣、魏申徒武蒲之軍并攻昌邑，昌邑未拔。西過高陽。酈食其爲監門，曰：『諸將過此者多，吾視沛公大人長者。』乃求見說沛公。沛公方踞床，使兩女子洗足。酈生不拜，長揖，曰：『足下必欲誅無道秦，不宜踞見長者。』於是沛公起，攝衣謝之，延上坐。食其說沛公襲陳留，得秦積粟。乃以酈食其爲廣野君，酈商爲將，將陳留兵，與偕攻開封，開封未拔。西與秦將楊熊戰白馬，又戰曲遇東，大破之。楊熊走之滎陽，二世使使者斬以徇。南攻潁陽，屠之。因張良遂略韓地轘轅。

譯文 當時，秦國的部隊十分強盛，經常乘勝追擊敗走的部隊，衆將領都覺得先入關是不利的。

祇有項羽怨恨秦的部隊打敗了項梁的部隊，心裏十分憤激，原本打算與沛公一起向西入關。懷王手下的那些老將都說：『項羽的性格衝動而凶猛，狡詐且殘忍。項羽曾攻打過襄城，襄城沒剩下任何一個活人，都被活埋了。他所路過的地方，沒有不被殘殺毀滅的。而且楚軍再三進兵向西，但之前的陳王和項梁都以失敗告終。那還不如改派別的寬厚長者，以正義爲旗號西進，將道理詳細講述給秦朝的父老兄弟。秦朝的父老兄弟在他們君主的統治下受了很長時間的苦，要是真的有寬厚的長者去到關中，不對他們欺凌暴虐，應該可以攻占關中。現在項羽十分剽悍，不能派他去。祇有沛公一向有寬厚長者的做派，可以派他去。』最後沒有允許項羽去，而是派沛公向西進發攻打秦地，召集陳王、項梁所剩的殘兵，經過碭縣，抵達成陽，和杠里的秦軍相對壘，擊敗了秦的兩支隊伍。楚軍派兵攻打王離，大敗他的軍隊。

沛公率領部隊向西進發，在昌邑遇到了彭越，於是就與他一同進攻秦軍，沒能取得勝利。沛公撤軍回到栗縣，碰到剛武侯，奪取了他的部隊，差不多有四千多人，和沛公之前的隊伍合幷。沛公和魏將皇欣、魏申徒武蒲的部隊一起進攻昌邑，昌邑沒能攻下。向西進發經過高陽。酈食其擔任裏監門，

劉邦見酈生

說：『從這路過的將領們有很多，我看得出沛公是大人物，是個仁厚長者。』就請求面見幷游說沛公。沛公當時正坐在床上，命令兩個女子爲他洗腳。酈生沒有下拜，深深作了一個揖，說道：『足下必定想誅滅殘虐無道的秦朝，不該坐着面見長者。』因此沛公就站起來，整理一下衣服，向他道歉，請他坐上座。酈食其勸說沛公突襲陳留，取得秦朝在陳留積攢的粟米。沛公就任命酈食其爲廣野君，任命酈商爲將，率領陳留的部隊，與沛公聯合進攻開封，開封沒能攻下。他們向西進發和秦將楊熊在白馬交戰，隨後又在曲遇以東交戰，大敗楊熊的部隊。楊熊逃到了滎陽，秦二世派遣使者殺掉了楊熊示衆。沛公往南進攻潁陽，血洗潁陽城。靠着張良又攻下了韓國的轘轅險道。

地理志河南有平陰縣，今河陰是也。

王陵封安國侯，是定天下爲丞相時封耳。此言襄侯，當如臣瓚解，蓋初封江夏之襄也。

原文 當是時，趙別將司馬卬方欲渡河入關，沛公北攻平陰，絕河津。南，戰雒陽東，軍不利，還至陽城，收軍中馬騎，與南陽守齮戰犨東，破之。略南陽郡，南陽守齮走，保城守宛。沛公引兵過而西。張良諫曰：『沛公雖欲急入關，秦兵尚眾，距險。今不下宛，宛從後擊，強秦在前，此危道也。』於是沛公乃夜引兵從他道還，更旗幟，黎明，圍宛城三匝。南陽守欲自剄。其舍人陳恢曰：『死未晚也。』乃逾城見沛公，曰：『臣聞足下約，先入咸陽者王之。今足下留守宛。宛，大郡之都也，連城數十，人民眾，積蓄多，吏人自以爲降必死，故皆堅守乘城。今足下盡日止攻，士死傷者必多；引兵去宛，宛必隨足下後，足下前則失咸陽之約，後又有強宛之患。爲足下計，莫若約降，封其守，因使止守，引其甲卒與之西。諸城未下者，聞聲爭開門而待，足下通行無所累。』沛公曰：『善。』乃以宛守爲殷侯，封陳恢千戶。引兵西，無不下者。至丹水，高武侯鰓、襄侯王陵降西陵。還攻胡陽，遇番君別將梅鋗，與皆①，降析、酈。遣魏人寧昌使秦，使者未來。是時章邯已以軍降項羽於趙矣。

注釋 ①皆：同「偕」。

譯文 當時，趙將司馬卬剛好要越過黃河攻入函谷關，沛公就向北進發進攻平陰，切斷了黃河的渡口。南進，在雒陽以東交戰，沒能取勝，撤軍回到了陽城，集合了部隊中的騎兵，和南陽郡的郡守齮在犨東交戰，擊敗了守軍，攻占了南陽郡的城邑，南陽郡的郡守齮逃了出去，保住城池，退守到宛縣。沛公率領部隊繞過了宛城向西進發。張良勸誡說：『沛公儘管想要早點攻入函谷關，但秦朝的軍隊尚有很多，而且據守險要之地。現在要是不攻下宛城，宛城的守軍從後面攻上來，強大的秦朝部隊在前方阻攔，這將十分危險。』因此沛公就趁夜統領部隊從別的道路回來，變換了旗幟，天快亮時，圍住宛城三層。南陽郡的郡守打算自殺。他屬下的舍人陳恢說：『此時死還早。』他就越過城牆前去面見沛公，說道：『我聽說足下與楚懷王有約，先打入咸陽的人可以稱王關中。而今足下停下來守着宛城。

宛城可是大郡的治所所在，連城就有數十個之多，人口多，積攢的糧食也充足，官吏和百姓都覺得投降必然會被處死，因此都登上城牆頑固地防守。現在足下整日留在此地攻城，士卒死傷的必然有很多；倘若率領部隊離開宛城，宛城的守軍必定會跟踪您的部隊并追擊。足下前進則會錯過先入咸陽的誓約，後退則又面臨強大的宛城守軍的憂患。替足下考慮，反倒不如明約招降守軍，封給南陽郡守官爵，命他留在這裏守城，您率領宛城的士卒向西進發。那些沒有被攻下的城池中的百姓，聽說這則消息，都會爭着打開城門，等您進城，足下就能通行無阻了。』沛公說：『不錯。』就封南陽郡守爲殷侯，封賞陳恢一千戶。帶兵向西進發，沒有不能攻下的。抵達丹水後，高武侯鰓、襄侯王陵在西陵投降。撤軍進攻胡陽，與番君別將梅鋗相遇，和他一起，迫降了析縣、酈縣的守軍。派了魏人寧昌出使秦朝，使者沒能歸來。當時章邯已經率領全軍在趙地向項羽投降了。

原文 初，項羽與宋義北救趙，及項羽殺宋義，代爲上將軍，諸將黥布皆屬，破秦將王離軍，降章邯，諸侯皆附。及趙高已殺二世，使人來，欲約分王關中。沛公以爲詐，乃用張良計，使酈生、陸賈往說

秦將，啗以利，因襲攻武關，破之。又與秦軍戰於藍田南，益張疑兵旗幟，諸所過毋得掠鹵①，秦人憙，秦軍解，因大破之。又戰其北，大破之。乘勝，遂破之。

漢元年十月，沛公兵遂先諸侯至霸上。秦王子嬰素車白馬，繫頸以組，封皇帝璽符節，降軹道旁。諸將或言誅秦王。沛公曰：『始懷王遣我，固以能寬容；且人已服降，又殺之，不祥。』乃以秦王屬吏，遂西入咸陽。欲止宮休舍，樊噲、張良諫，乃封秦重寶財物府庫，還軍霸上。召諸縣父老豪桀曰：『父老苦秦苛法久矣，誹謗者族，偶語者棄市。吾與諸侯約，先入關者王之，吾當王關中。與父老約，法三章耳：殺人者死，傷人及盜抵罪。餘悉除去秦法。諸吏人皆案堵如故。凡吾所以來，爲父老除害，非有所侵暴，無恐！且吾所以還軍霸上，待諸侯至而定約束耳。』乃使人與秦吏行縣鄉邑，告諭之。秦人大喜，

左傳云楚司馬起以臨上雒，謂晉人曰『將通於少習』，杜預以爲商縣武關也。又太康地理志武關當冠軍縣西，嶢關在武關西也。

爭持牛羊酒食獻饗軍士。沛公又讓不受，曰：『倉粟多，非乏，不欲費人。』人又益喜，唯恐沛公不爲秦王。

入關約法

公元前二〇六年，劉邦攻入咸陽時，將秦朝的苛刻法制一律廢除，并封存府庫，與民約法三章，深得民衆支持。

注釋　①鹵：通『虜』。

譯文　開始，項羽和宋義向北進發去援救趙，等到項羽殺掉了宋義，替代他做了上將軍，各路將領及黥布都歸屬了項羽，擊潰了秦將王離的部隊，迫降了章邯，諸侯大都歸屬了項羽。到趙高殺掉了秦二世之後，派人來求見沛公，打算約定在關中分地稱王。沛公覺得其中有詐，就用了張良提出的計策，派出酈生、陸賈去勸服秦軍的將領，用好處引誘他們，并乘此機會突襲武關，攻下了關口。又在藍田以南和秦軍交戰，增設了疑兵和旗幟，又下令所有路過的地方都不准擄掠。秦地的百姓都很高興，秦軍鬆懈，因此打敗了秦軍。接着又和秦軍在藍田以北交戰，大敗秦軍。然後乘勝追擊，終於徹底擊潰了秦軍。

漢元年十月，沛公的部隊比各路諸侯部隊率先到達霸上。秦王子嬰駕着白車白馬，用絲繩繫在脖子上，封好皇帝的玉璽與符節，來到軹道旁投降。將領們有的建議殺掉秦王。沛公說：『最初楚懷王派我出戰，本就是由於我能夠寬大待人。再說人家已經來投降了，還殺掉人家，這麼做不吉利。』因此就將秦王交給了主管的官吏，向西進發進入咸陽。沛公打算留在秦宮中歇息，樊噲、張良勸誡，這才封好了秦宮的貴重寶物及庫房，撤軍回到霸上。沛公召來了各縣的父老及有名望的豪傑，說：『鄉親父老們在秦朝的苛刻法令下受苦已經很長時間了，批評朝政的要滅族，相聚談話的要處斬在街市。我曾和天下諸侯誓約，誰先入關就可以在這裏稱王，我就應該是關中王。我與關中父老們約定，法律定下三章：殺人的要處死刑，傷人者和搶劫者依法治罪。剩下的秦朝法條全都廢止。所有的官吏和百姓都像往常一樣安居樂業。我來這裏，就是要爲父老們除害，不會對你們有什麼欺虐之行，不必害怕！而且我之所以撤軍回到霸上，就是要等諸侯們來到這裏共同制定一個協定。』就派人和秦朝官吏一起巡

顏師古曰：『今桃林南有洪溜澗，古函谷也。其水北流入河，西岸猶有舊關餘迹。』

行到縣城鄉間，向百姓講明情況。秦地的百姓都十分高興，爭着送來牛羊酒食慰勞士兵。沛公又推讓不願接受，說：『倉庫的粟米還有很多，并不缺糧，不想讓你們破費。』百姓們愈加高興起來，深怕沛公不做秦王。

原文 或說沛公曰：『秦富十倍天下，地形強。今聞章邯降項羽，項羽乃號爲雍王，王關中。今則來，沛公恐不得有此。可急使兵守函谷關，無內諸侯軍，稍徵關中兵以自益，距之。』沛公然其計，從之。十一月中，項羽果率諸侯兵西，欲入關，關門閉。聞沛公已定關中，大怒，使黥布等攻破函谷關。十二月中，遂至戲。沛公左司馬曹無傷聞項王怒，欲攻沛公，使人言項羽曰：『沛公欲王關中，令子嬰爲相，珍寶盡有之。』欲以求封。亞父勸項羽擊沛公。方饗士，旦日合戰。是時項羽兵四十萬，號百萬。沛公兵十萬，號二十萬，力不敵。會項伯欲活張良，夜往見良，因以文諭項羽，項羽乃止。沛公從百餘騎，驅之鴻門，見謝項羽。項羽曰：『此沛公左司馬曹無傷言之。不然，籍何以生此！』沛公以樊噲、張良故，得解歸。歸，立誅曹無傷。

譯文 有人游說沛公說：『秦地的富足是天下的十倍，地勢優良。現在聽說章邯已經投靠了項羽，項羽就封了他一個雍王的稱號，在關中稱王。而今將抵達關中，沛公您恐怕無法得到這個地方了。應該馬上派兵守住函谷關，不放諸侯軍入內，然後逐步徵集關中的士兵，以增強自身實力，以便抵抗他們。』沛公同意了他的建議，并照做了。十一月中旬，項羽果然統領着諸侯軍向西進發，想要進入函谷關，但關門卻緊閉着。項羽聽說沛公已然平定了關中，非常生氣，就命令黥布等人攻克了函谷關。十二月中旬，就抵達了戲水。沛公的左司馬曹無傷聽聞項王大怒，打算進攻沛公，就派人去對項羽說：『沛公要在關中稱王，讓子嬰做丞相，把秦宮所有的珍寶都據爲己有了。』想借此求得項羽的封賞。亞父范增勸說項羽攻打沛公。項羽當時正在犒勞士卒，打算第二天和沛公交戰。當時項羽的兵力有四十萬，對外號稱百萬。沛公擁兵十萬，對外號稱二十萬，兵力比不過項羽。恰好當時項伯想救張

懷王初約先入咸陽者王之，今羽北救趙，故失約在後也。

良，趁夜去會見他。項伯回來後就用道理勸說項羽，項羽這才作罷。第二天沛公帶着一百多騎兵，一路驅馬來到鴻門，面見項羽，向他致歉。項羽說：『這都是沛公你的左司馬曹無傷對我說的。否則，我項羽怎會做這樣的事呢！』沛公由於樊噲和張良的緣故，才得以脫身歸來。回到軍營，馬上殺掉了曹無傷。

原文

項羽遂西，屠燒咸陽秦宮室，所過無不殘破。秦人大失望，然恐，不敢不服耳。

項羽使人還報懷王。懷王曰：『如約。』項羽怨懷王不肯令與沛公俱西入關，而北救趙，後天下約。乃曰：『懷王者，吾家項梁所立耳，非有功伐，何以得主約！本定天下，諸將及籍也。』乃詳尊懷王爲義帝，實不用其命。

正月，項羽自立爲西楚霸王，王梁、楚地九郡，都彭城。負約，更立沛公爲漢王，王巴、蜀、漢中，都南鄭。三分關中，立秦三將：

章邯爲雍王，都廢丘；司馬欣爲塞王，都櫟陽；董翳爲翟王，都高奴。楚將瑕丘申陽爲河南王，都洛陽。趙將司馬卬爲殷王，都朝歌。趙王歇徙王代。趙相張耳爲常山王，都襄國。當陽君黥布爲九江王，都六。懷王柱國共敖爲臨江王，都江陵。番君吳芮爲衡山王，都邾。燕將臧荼爲燕王，都薊。故燕王韓廣徙王遼東。廣不聽，臧荼攻殺之無終。封成安君陳餘河間三縣，居南皮。封梅鋗十萬戶。

譯文

項羽於是向西進發，一路屠殺，焚燒了咸陽的秦朝宮室，所經過的地方，沒有不被摧殘破壞的。秦地的人們非常失望，但心裏懼怕項羽，不敢不服從他的命令。

項羽讓人回去上報楚懷王。楚懷王說：『按最初的誓約辦。』項羽惱恨楚懷王當初不許他和沛公一同西進入關，卻派他向北去援救趙，沒能先入關，落在了天下諸侯之後而失約，就說：『懷王是我家叔父項梁擁立的，并沒有任何功勞，憑什麼主持約定呢！本來平定天下的，就是各位將領和我項籍。』因此就假意尊崇楚懷王爲義帝，其實并不遵從他的命令。

戲音麾：許慎注淮南子云：『戲，大旗也。』

到了正月，項羽自封爲西楚霸王，在梁地和楚地的九個郡稱王，定都在彭城。又違背了當初的約定，改封沛公爲漢王，統治巴蜀及漢中地區，定建在南鄭。將關中一分爲三，封給秦朝的三個降將：立章邯爲雍王，定都廢丘；立司馬欣爲塞王，定都櫟陽；立董翳爲翟王，定都高奴。立楚將瑕丘申陽爲河南王，定都洛陽。立趙將司馬卬爲殷王，定都朝歌。將趙王歇改封到代地爲代王。立趙將張耳爲常山王，定都襄國。立當陽君黥布爲九江王，定都六縣。立楚懷王柱國共敖爲臨江王，定都江陵。立番君吳芮爲衡山王，定都邾縣。立燕將臧荼爲燕王，定都薊縣。將之前的燕王韓廣改封到遼東爲遼東王。韓廣沒有服從，臧荼就進攻韓廣，在無終殺了他。封給成安君陳餘河間附近的三個縣，讓他住在南皮縣。封給梅鋗十萬戶的賞賜。

原文

四月，兵罷戲下，諸侯各就國。漢王之國，項王使卒三萬人從，楚與諸侯之慕從者數萬人，從杜南入蝕中。去輒燒絕棧道，以備諸侯盜兵襲之，亦示項羽無東意。至南鄭，諸將及士卒多道亡歸，士卒皆歌思東歸。韓信說漢王曰：『項羽王諸將之有功者，而王獨居南鄭，是遷也。軍吏士卒皆山東之人也，日夜跂而望歸，及其鋒而用之，可以有大功。天下已定，人皆自寧，不可復用。不如決策東鄉，爭權天下。』

項羽出關，使人徙義帝。曰：『古之帝者地方千里，必居上游。』乃使使徙義帝長沙郴縣，趣義帝行，群臣稍倍叛之，乃陰令衡山王、臨江王擊之，殺義帝江南。項羽怨田榮，立齊將田都爲齊王。田榮怒，因自立爲齊王，殺田都而反楚；予彭越將軍印，令反梁地。楚令蕭公角擊彭越，彭越大破之。陳餘怨項羽之弗王己也，令夏說說田榮，請兵擊張耳。齊予陳餘兵，擊破常山王張耳，張耳亡歸漢。迎趙王歇於代，復立爲趙王。趙王因立陳餘爲代王。項羽大怒，北擊齊。

譯文

四月時，項羽麾下的各諸侯罷兵解散，各諸侯都回到了自己的封國。漢王前往封國，項王派了三萬兵士隨從，楚國和別的諸侯國的士兵因爲仰慕漢王而追隨的達幾萬人。他們沿杜縣往南進入

遣樊噲明脩棧道

劉邦采用張良的計策，燒毀了全部棧道，使項羽解除對他的防備。不久，又采用韓信的計策，『明脩棧道、暗度陳倉』，最終占領了關中。

了蝕中。他們離開之後就燒毀了沿途的棧道，爲的是防備諸侯和其他匪徒的襲擊，也是向項羽表達自己并無東進之意。抵達南鄭後，將領和士卒許多人在途中就逃回去了，士兵們都唱着歌，想要回到東方。韓信勸說漢王道：『項羽封立那些有功的將領爲王，可是大王偏偏被封到了南鄭，這與流放無異。軍中的官吏與士兵大都是峭山東面的人，日夜掂着腳跟期望回到家鄉。趁着他們心氣旺盛的時候利用他們，能夠建大功。如果等到天下平定後，人人都安下心來，就再也用不上他們了。不如馬上做出決策，向東進發，和諸侯爭奪天下大權。』

項羽出函谷關，讓人遷徙義帝。說：『古代的帝王統治着千里見方的土地，必定在上游居住。』就派出使者將義帝遷徙到了長沙的郴縣，并督促義帝快點走。群臣都逐漸背叛了義帝，

項羽就私下裏命令衡山王、臨江王偷襲他，將義帝在江南殺掉。項羽對田榮有積怨，立齊將田都爲齊王。田榮非常生氣，因此自立爲齊王，殺掉了田都，背叛項楚，將將軍印授予彭越，命令他在梁地出兵反楚。楚派出了蕭公角進攻彭越，彭越擊敗了蕭公角。陳餘痛恨項羽沒有封自己爲王，就命令夏說勸說田榮，借兵進攻張耳。齊借給了陳餘一些部隊，打敗了常山王張耳，張耳逃脫後投奔漢王。陳餘從代迎回了趙王歇，重新立爲趙王。趙王於是就立陳餘爲代王。項羽極其生氣，出兵向北進攻齊。

原文 八月，漢王用韓信之計，從故道還，襲雍王章邯。邯迎擊漢陳倉，雍兵敗，還走；止戰好時，又復敗，走廢丘。漢王遂定雍地。東至咸陽，引兵圍雍王廢丘，而遣諸將略定隴西、北地、上郡。令將軍薛歐、王吸出武關，因王陵兵南陽，以迎太公、呂后於沛。楚聞之，發兵距之陽夏，不得前。令故吳令鄭昌爲韓王，距漢兵。

譯文 八月的時候，漢王采取了韓信的計策，從故道縣撤軍，突襲雍王章邯。章邯在陳倉附近迎擊漢軍，雍王兵敗，撤走，在好時縣停下來交戰，再次潰敗，逃往廢丘。漢王就這樣平定了雍地。向

晋灼曰：『晁錯傳秦時北攻胡，築河上塞。』

括地志云：『洛州伊闕縣在州南七十里，本漢新城也。隋文帝改新城爲伊闕，取伊闕山爲名也。』

南收三河士，發關內兵，從雍州入子午道，至漢中，歷漢水而下，從是東行，至徐州，擊楚。

東一直到咸陽，率領部隊將雍王圍困在廢丘，而且派出將領占領了隴西、北地和上郡。派出將軍薛歐、王吸發兵武關，借着王陵駐守在南陽的部隊，以便前往沛縣迎接太公和呂后。楚聽說了這個消息，發兵在陽夏阻攔，漢軍無法前進。楚封原來的吳縣縣令鄭昌爲韓王，阻擋漢軍。

原文

二年，漢王東略地，塞王欣、翟王翳、河南王申陽皆降。韓王昌不聽，使韓信擊破之。於是置隴西、北地、上郡、渭南、河上、中地郡；關外置河南郡。更立韓太尉信爲韓王。諸將以萬人若以一郡降者，封萬戶。繕治河上塞。諸故秦苑囿園池，皆令人得田之，正月，虜雍王弟章平。大赦罪人。

漢王之出關至陜，撫關外父老，還，張耳來見，漢王厚遇之。

二月，令除秦社稷，更立漢社稷。

三月，漢王從臨晉渡，魏王豹將兵從。下河內，虜殷王，置河內郡。南渡平陰津，至雒陽。新城三老董公遮說漢王以義帝死故。漢王聞之，袒而大哭。遂爲義帝發喪，臨三日。發使者告諸侯曰：『天下共立義帝，北面事之。今項羽放殺義帝於江南，大逆無道。寡人親爲發喪，諸侯皆縞素。悉發關內兵，收三河士，南浮江漢以下，願從諸侯王擊楚之殺義帝者。』

古是時項王北擊齊，田榮與戰城陽。田榮敗，走平原，平原民殺之。齊皆降楚。楚因焚燒其城郭，係虜其子女。齊人叛之。田榮弟橫立榮子廣爲齊王，齊王反楚城陽。項羽雖聞漢東，既已連齊兵，欲遂破之而擊漢。漢王以故得劫五諸侯兵，遂入彭城。項羽聞之，乃引兵去齊，從魯出胡陵，至蕭，與漢大戰彭城靈壁東睢水上，大破漢軍，多殺士卒，睢水爲之不流。乃取漢王父母妻子於沛，置之軍中以爲質。當是時，諸侯見楚強漢敗，還皆去漢復爲楚。塞王欣亡入楚。

譯文

二年，漢王向東進發略取城邑，塞王司馬欣、翟王董翳、河南王申陽全都向漢王投降了。

韓王鄭昌沒有歸附，漢王就派韓信擊敗了他。如此就設了隴西、北地、上郡、渭南、河上、中地這些郡，在關外還設了河南郡。重新任命韓太尉信爲韓王。各將領中帶着一萬人或是一郡歸附的，都封賞萬戶。脩葺了河上郡中的長城。曾經的那些秦朝的苑囿園池，都分給百姓以開墾耕種。正月，活捉了雍王的弟弟章平作爲俘虜。大赦天下犯罪之人。

漢王出函谷關來到陝縣，安撫關外的百姓，歸來之後，張耳來此求見，漢王以優厚的條件對待他。

二月，漢王下令廢止秦朝社稷，改立爲漢朝社稷。

三月，漢王在臨晉關橫渡黃河，魏王豹帶着部隊跟隨，攻克河內，活捉殷王，設了河內郡。往南渡過了平陰津，抵達洛陽。新城三老董公阻攔下漢王，將義帝死的原因告訴漢王。漢王聽後，露着胳膊大哭，於是就替義帝發喪，憑吊了三天。派出使者通知各諸侯說：『天下聯合擁立義帝，向他北面稱臣而侍奉他。而今項羽在江南流放并擊殺義帝，這是大逆不道的行爲。我親身爲義帝發喪，諸侯都必須身着白色喪服。調出關內的全部兵力，徵收三河的士兵，浮江漢向南進發，我願意追隨征討殺掉義帝的楚國的人的那些諸侯王。』

當時項王正向北進發攻打齊國，田榮在城陽和他交戰。田榮失利，逃往平原，平原的民衆殺死了他，齊地全都向楚國投降了。楚兵於是就燒毀了齊人的城郭，劫掠他們的子女。齊國的百姓又背叛了楚國。田榮的弟弟田橫擁立田榮的兒子田廣爲齊王，齊王在城陽起兵反叛楚國。項羽儘管已經聽說了漢軍要向東進發，但是既然已經和齊軍相交戰，就打算擊敗齊軍後再迎擊漢軍。漢王因爲這個緣故得以劫奪了五大諸侯的軍隊，於是進入彭城。項羽聽說了這個消息，就帶着部隊離開了齊地，自魯地出胡陵，到達蕭縣，和漢軍在彭城靈壁以東的睢水上大戰，打敗了漢軍，殺掉了許多士兵，睢水因爲尸體的堵塞已經無法流通了。楚軍就在沛縣抓走了漢王的父母妻子，放在部隊中當作人質。當此之時，諸侯發現楚軍的強盛和漢軍的敗退，又全都背離漢而重新歸附楚國。塞王司馬欣也逃亡去了楚國。

原文 呂后兄周呂侯爲漢將兵，居下邑。漢王從之，稍收士卒，軍碭。漢王乃西過梁地，至虞。使謁者隨何之九江王布所，曰：『公能令布舉兵叛楚，項羽必留擊之。得留數月，吾取天下必矣。』隨何往說九江王布，布果背楚。楚使龍且往擊之。

李奇曰：『乘，守也。』

漢王之敗彭城而西，行使人求家室，家室亦亡，不相得。敗後乃獨得孝惠，六月，立爲太子，大赦罪人。令太子守櫟陽，諸侯子在關中者皆集櫟陽爲衛。引水灌廢丘，廢丘降，章邯自殺。更名廢丘爲槐里。於是令祠官祀天地四方上帝山川，以時祀之。興關內卒乘塞。

是時九江王布與龍且戰，不勝，與隨何閒行歸漢。漢王稍收士卒，與諸將及關中卒益出，是以兵大振滎陽，破楚京、索閒。

譯文 呂后的哥哥周呂侯替漢統率一支軍隊，在下邑駐扎。漢王來到他這裏，逐漸召集士兵，在碭縣駐軍。漢王就向西進發路過梁地，來到虞縣，派出了謁者隨何前往九江王黥布那裏，漢王說：『你能夠讓黥布起兵背叛楚國，那樣項羽一定會留在這裏進攻他。倘若能夠阻攔住幾個月，我就一定能得到天下。』隨何就前去勸說九江王黥布，黥布果然反叛了楚國。楚國就派遣龍且前去進攻黥布。

漢王在彭城兵敗後向西撤走，一邊走一邊派人去接自己的家屬，家屬已經逃了出去，并沒能相互遇見。兵敗之後僅僅找到了孝惠帝，六月時，立他爲太子，大赦天下有罪之人。命令太子在櫟陽駐守，

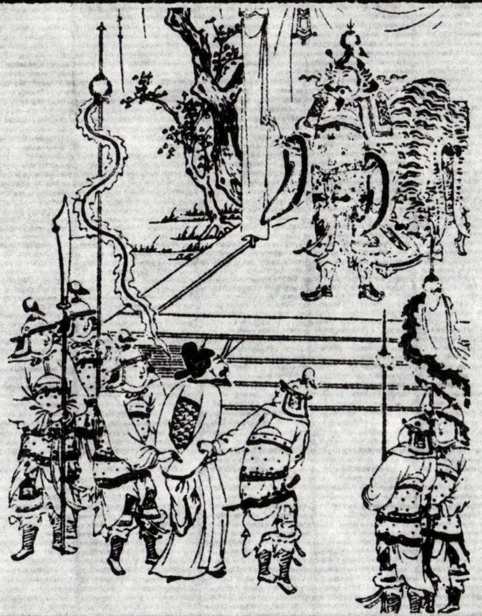

隨何說反英布

在關中的諸侯國人都在櫟陽集合守衛。引河水沖灌廢丘，廢丘就投降了，章邯也自殺了。將廢丘的名字改爲槐里。然後又命令祠官祭祀天、地、四方、天帝、山川，之後也都按時進行祭祀。徵集關內的士兵去守衛邊塞。

當時九江王黥布和龍且交戰，并未取勝，和隨何從小路投奔漢王。漢王一點點徵收了一些士兵，再加上各路將領及關中兵的增援，於是在滎陽軍勢大振，在京、索間打敗了楚軍。

原文 三年，魏王豹謁歸視親疾，至即絕河津，反爲楚。漢王使酈生說豹，豹不聽。漢王遣將軍韓信擊，大破之，虜豹。遂定魏地，置三郡，曰河東、太原、上黨。漢王乃令張耳與韓信遂東下井陘擊趙，斬陳

甬音勇。韋昭云：『起土築墻，中間爲道。』應劭云：『恐敵抄輜重，故築垣墻如街巷。』

餘、趙王歇。其明年，立張耳爲趙王。

漢王軍滎陽南，築甬道屬之河，以取敖倉。與項羽相距歲餘。項羽數侵奪漢甬道，漢軍乏食，遂圍漢王。漢王請和，割滎陽以西者爲漢。項王不聽。漢王患之，乃用陳平之計，予陳平金四萬斤，以間疏楚君臣。於是項羽乃疑亞父。亞父是時勸項羽遂下滎陽，及其見疑，乃怒，辭老，願賜骸骨歸卒伍，未至彭城而死。

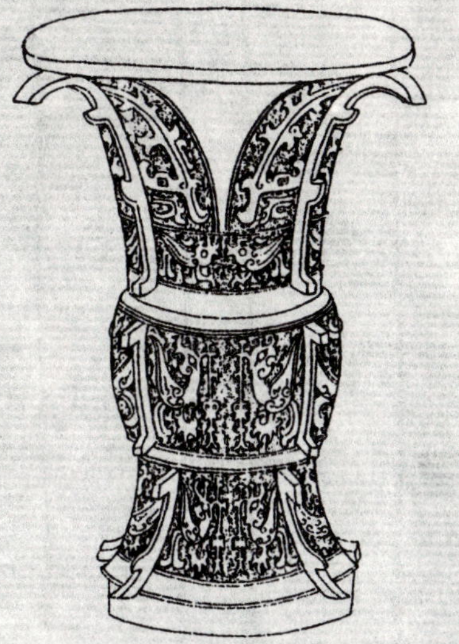

尊

中國古代貴族常常舉行祭祀向神靈求福消災，在這些盛大的儀式中有一整套禮器用來表明使用者的身份、等級與權力，尊就是其中重要的一種。

譯文

三年，魏王豹請求回家探望父母的疾病，到達魏地就切斷了黃河的渡口，反叛漢而歸附楚。漢王派酈生游說魏豹，魏豹沒有聽從，漢王就派出將軍韓信攻打魏豹，大敗魏軍，活

捉俘虜了魏豹，就這樣平定了魏地，設了三個郡，命名爲河東、太原、上黨。漢王又下令讓張耳和韓信東進攻克井陘，攻打趙地，殺死了陳餘及趙王歇。到了第二年，封張耳爲趙王。

漢王在滎陽以南駐軍，築建甬道和黃河連通，以方便運取敖倉的糧食。和項羽一直對峙了一年多。項羽數次攻取漢軍甬道，漢軍缺乏食物，項羽就包圍了漢王。漢王請求和項羽講和，劃出滎陽西邊的土地歸漢。項王并未聽從。漢王十分憂慮，就采用陳平的計謀，給陳平黃金四萬斤，以此來離間楚國的君臣。由此項羽就開始懷疑亞父范增。亞父當時勸說項羽趁着局勢攻克滎陽，等到他得知自己被項羽懷疑，就非常生氣，以自己年老爲託詞要求引退，回家做普通百姓。項羽同意，亞父還沒抵達彭城就去世了。

原文

漢軍絕食，乃夜出女子東門二千餘人，被甲，楚因四面擊之。將軍紀信乃乘王駕，詐爲漢王，誑楚，楚皆呼萬歲，之城東觀，以故漢王得與數十騎出西門遁。令御史大夫周苛、魏豹、樅公守滎陽。諸將卒不能從者，盡在城中。周苛、樅公相謂曰：『反國之王，難與守

城。』因殺魏豹。

徐廣曰：『紊月表，三年七月，王出滎陽。八月，殺魏豹。而又云四年三月，周苛死。四月，魏豹死。二者不同。項羽殺紀信、周苛、樅公，皆是三年中。』

漢王之出滎陽入關，收兵欲復東。袁生說漢王曰：『漢與楚相距滎陽數歲，漢常困。原君王出武關，項羽必引兵南走，王深壁，令滎陽成皋間且得休。使韓信等輯河北趙地，連燕齊，君王乃復走滎陽，未晚也。如此，則楚所備者多，力分，漢得休，復與之戰，破楚必矣。』漢王從其計，出軍宛葉間，與黥布行收兵。

譯文 漢軍斷糧了，就趁夜自東門放了女子兩千多人出去，身披鎧甲，楚軍於是從四面進行圍擊。將軍紀信乘坐着漢王的車駕，扮作漢王，騙過楚軍。楚國士兵都高喊萬歲，去城東觀看，漢王趁此機會得以和幾十騎兵從西門逃出。漢王命令御史大夫周苛、魏豹和樅公留在滎陽守衛，衆位將領及士卒無法隨從的，都留駐城中。周苛和樅公互相商量說：『魏豹是個叛國之王，難以和他一起守城。』於是就殺掉了魏豹。

漢王出了滎陽進入了函谷關，集合部隊，打算再次向東進發。袁生勸說漢王道：『漢和楚對峙在

滎陽已經幾年了，漢軍總是處於困境，希望君王能自武關出去，項羽必定會帶着部隊向南進發，君王憑借着深溝高壘，令滎陽、成皋之間的士兵得以休整。再派遣韓信等人去平定黃河北邊的趙地，與燕、齊聯合，君王再前赴滎陽，也并不晚。這樣的話，楚軍所要防備的地方很多，兵力分散，漢軍得以休整，再和楚軍交戰，一定能夠擊敗楚軍。』漢王聽取了他的計策，向宛縣、葉縣之間進軍，和黥布一邊進軍一邊集合兵馬。

原文 項羽聞漢王在宛，果引兵南。漢王堅壁不與戰。是時彭越渡睢水，與項聲、薛公戰下邳，彭越大破楚軍。項羽乃引兵東擊彭越。漢王亦引兵北軍成皋。項羽已破走彭越，聞漢王復軍成皋，乃復引兵西，拔滎陽，誅周苛、樅公，而虜韓王信，遂圍成皋。漢王跳，獨與滕公共車出成皋玉門，北渡河，馳宿脩武。自稱使者，晨馳入張耳、韓信壁，而奪之軍。乃使張耳北益收兵趙地，使韓信東擊齊。漢王得韓信軍，則復振。引兵臨河，南鄉軍小脩武南，欲

夏侯嬰爲滕令，故曰滕公也。

故南燕國也。在東郡，秦以爲縣。

復戰。郎中鄭忠乃說止漢王，使高壘深塹，勿與戰。漢王聽其計，使盧綰、劉賈將卒二萬人，騎數百，渡白馬津，入楚地，與彭越復擊破楚軍燕郭西，遂復下梁地十餘城。

淮陰已受命東，未渡平原。漢王使酈生往說齊王田廣，廣叛楚，與漢和，共擊項羽。韓信用蒯通計，遂襲破齊。齊王烹酈生，東走高密。項羽聞韓信已舉河北兵破齊、趙，且欲擊楚，則使龍且、周蘭往擊之。韓信與戰，騎將灌嬰擊，大破楚軍，殺龍且。齊王廣餎彭越。當此時，彭越將兵居梁地，往來苦楚兵，絕其糧食。

譯文

項羽聽到漢王在宛縣的消息，果然率領隊伍向南進發。漢王堅壁防守，不與楚軍交戰。當時彭越渡過了睢水，和項聲、薛公在下邳交戰，彭越擊潰了楚軍。項羽就率領軍隊向東進攻彭越，漢王也統領部隊向北進發駐軍在成皋。項羽已經擊敗并趕走了彭越，聽說漢王又帶着部隊駐軍成皋，就再次率領隊伍向西進發，攻下了滎陽，殺死了周苛、樅公，活捉俘虜了韓王信，進而包圍成皋。

漢王逃走，獨自一人和滕公一起乘坐一輛車自成皋玉門出去，向北走，渡過黃河，跑到脩武時住了一夜。第二天早上漢王自稱是使者，跑進張耳、韓信的營中，奪得了他們的部隊，又命令張耳前往北邊的趙地收集更多的兵力，命令韓信向東進發進攻齊地。漢王得到了韓信的部隊，又重新振作了起來。漢王率領軍隊來到黃河沿岸，向南行進，在小脩武以南讓士卒吃飽喝足，想要和項羽再次交戰。郎中鄭忠就勸誡漢王，讓他憑借深溝高壘，不要與項羽交戰。漢王聽從了他的計策，派遣盧綰、劉賈帶兵兩萬人，騎兵幾百個，渡過白馬津，進軍楚地，和彭越在燕縣城以西再次擊敗楚軍，接着又攻克了梁地的十多座城池。

淮陰侯已經接到命令向東進發，但還未在平原渡過黃河。漢王派出酈生前去游說齊王田廣，田廣反叛了楚，和漢議和，一同進攻項羽。韓信采取蒯通的計謀，突襲并擊敗了齊國。齊王烹殺了酈生，向東逃往高密。項羽聽說韓信已經率領黃河以北的部隊擊敗了齊、趙，而且想要進攻楚軍，就派出龍且和周蘭前往阻擊。韓信和楚交戰，騎兵將領灌嬰一同出擊，擊潰了楚軍，斬殺龍且。齊王田廣投靠了彭越。當時，彭越帶着部隊駐軍梁地，來回對楚軍進行騷擾，斷絕它的糧草。

汜音祀，在成皋故城東。

原文

四年，項羽乃謂海春侯大司馬曹咎曰：『謹守成皋。若漢挑戰，慎勿與戰，無令得東而已。我十五日必定梁地，復從將軍。』乃行擊陳留、外黃、睢陽，下之。漢果數挑楚軍，楚軍不出，使人辱之五六日，大司馬怒，度兵汜水。士卒半渡，漢擊之，大破楚軍，盡得楚國金玉貨賂。大司馬咎、長史欣皆自剄汜水上。項羽至睢陽，聞海春侯破，乃引兵還。漢軍方圍鍾離眛於滎陽東，項羽至，盡走險阻。

韓信已破齊，使人言曰：『齊邊楚，權輕，不爲假王，恐不能安齊。』漢王欲攻之。留侯曰：『不如因而立之，使自爲守。』乃遣張良操印綬立韓信爲齊王。

項羽聞龍且軍破，則恐，使盱台人武涉往説韓信。韓信不聽。

譯文

四年，項羽對海春侯大司馬曹咎說：『謹慎地守衛成皋。倘若漢軍挑戰，一定要慎重，不要和他們交戰，不讓漢軍向東進發就可以了。我十五天內一定會平定梁地，再和將軍會合。』就帶兵進攻陳留、外黃、睢陽，都攻克了。漢軍果然多次挑戰楚軍，楚軍都未出戰。漢軍派人接連辱罵楚軍五六天，大司馬十分生氣，命士卒渡過汜水。士卒一半渡過時，漢軍發起進攻，擊潰楚軍，得到了楚國全部的金玉財寶。大司馬曹咎和長史司馬欣全都在汜水上自刎。項羽趕到睢陽，聽說海春侯失利，就率領軍隊趕回。漢軍當時正在滎陽以東圍攻鍾離眛，項羽趕到，漢軍全都撤到了險阻地帶。

韓信已經擊敗了齊國，派人告訴漢王說：『齊國邊上就是楚國，倘若權力太小，不封爲暫時的國王，怕是無法安定齊地。』漢王氣得想進攻韓信。留侯張良說：『不如就這樣封他爲齊王，命他自己駐守齊地。』漢王就派出張良持印綬封韓信爲齊王。

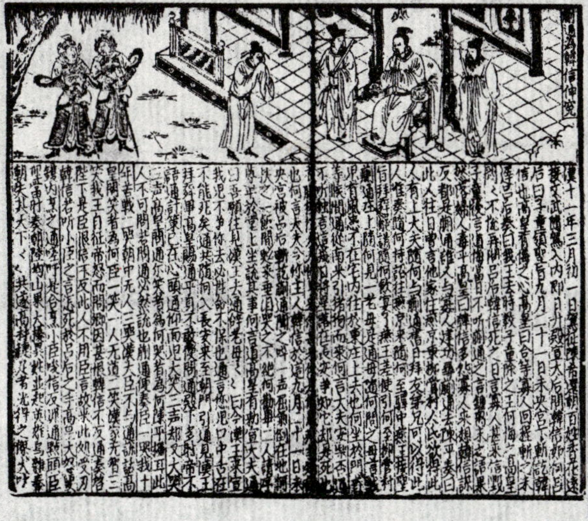

《續前漢書平話·蒯通爲韓信伸冤》

蒯通是西漢有名的辯士，曾勸韓信自立爲王。韓信没有聽他的勸告，後來果然被劉邦處治。劉邦因此要處死蒯通。蒯通對劉邦說：『人各爲其主，你難道能把所有曾經反對過你的人都殺死嗎？』

項羽聽說龍且的部隊失利了，十分恐懼，派遣盱台人武涉前往勸說韓信。韓信并未聽從。

原文 楚漢久相持未決，丁壯苦軍旅，老弱罷轉餉。漢王項羽相與臨廣武之間而語。項羽欲與漢王獨身挑戰。漢王數項羽曰：『始與項羽俱受命懷王，曰先入定關中者王之，項羽負約，王我於蜀漢，罪一。秦項羽矯殺卿子冠軍而自尊，罪二。項羽已救趙，當還報，而擅劫諸侯兵入關，罪三。懷王約入秦無暴掠，項羽燒秦宮室，掘始皇帝冢，私收其財物，罪四。又強殺秦降王子嬰，罪五。詐坑秦子弟新安二十萬，王其將，罪六。項羽皆王諸將善地，而徙逐故主，令臣下爭叛逆，罪七。項羽出逐義帝彭城，自都之，奪韓王地，并王梁楚，多自予，罪八。項羽使人陰弑義帝江南，罪九。夫爲人臣而弑其主，殺已降，爲政不平，主約不信，天下所不容，大逆無道，罪十也。吾以義兵從諸侯誅殘賊，使刑餘罪人擊殺項羽，何苦乃與公挑戰！』項羽大怒，伏弩射中漢王。漢王傷匈，乃捫足曰：『虜中吾指！』漢王病創臥，張良強請漢王起行勞軍，以安士卒，毋令楚乘勝於漢。漢王出行軍，病甚，因馳入成皋。

病愈，西入關，至櫟陽，存問父老，置酒，梟故塞王欣頭櫟陽市。留四日，復如軍，軍廣武。關中兵益出。

譯文 楚、漢長時間對峙，勝負未分，年輕的壯士受苦於當兵打仗，年老體弱的在運送糧食中疲憊。漢王和項羽一起站在廣武澗的兩邊對話。項羽想要和漢王單獨挑戰。漢王列舉項羽的過錯說：『當初我與你項羽一起受命於懷王，說好誰先攻入并平定關中，就可以在關中稱王。項羽你背棄約定，讓我去蜀漢稱王，此爲第一罪。項羽你假傳懷王命令殺死卿子冠軍，并自立爲上將軍，此爲第二罪。項羽你已經挽救了趙地，應該回去復命，而你卻私自劫持諸侯的部隊進入函谷關，此爲第三罪。懷王約好進入秦地不能殘暴掠奪，項羽你卻縱火燒毀秦朝宮室，挖掘始皇帝的墳墓，暗地裏收斂秦朝財物，此爲第四罪。強硬地殺死了秦朝投降了的國王子嬰，此爲第五罪。欺騙并坑殺了在新安的秦朝子弟二十萬，封他們的將領爲王，此爲第六罪。項羽你封自己的將領在好地方爲王，卻趕走本來在該地的諸侯王，讓臣下都爭相叛逆，此爲第七罪。項羽你把義帝從彭城趕走，自己卻定都彭城，奪下韓王的封地，在梁、楚兩地稱王，分給自己更多土地，此爲第八罪。項羽你派人暗殺義帝在江南，此爲第九罪。身爲別人的臣子卻殺害自己的君主，誅殺已然投降的人，執政有失公允，主持約定卻并不守信，天下都難以容忍，大逆不道，此爲第十罪。我率領着正義之師跟隨諸侯來誅殺殘暴的賊人，派遣受過刑罰的罪人殺掉項羽你，我何必和你這樣的人挑戰？』項羽非常生氣，埋伏着的弓弩射中了漢王。漢王傷到了胸部，卻摸着自己的腳說：『賊人射到了我的腳趾。』漢王病創不輕，臥床，張良請漢王強行起來巡視慰勞士卒，以穩定軍心，不讓楚軍得以趁機取勝於漢。漢王出來巡行軍隊，傷勢愈重，於是就驅車進入成皋養傷。

漢王身體痊愈了，向西進發入函谷關，抵達櫟陽，慰問當地百姓，設酒款待，砍掉了之前的塞王司馬欣的頭，懸挂在櫟陽街市示衆。過了四天，漢王再次回到軍中，來到廣武駐扎。關中的部隊也大舉出動。

原文 當此時，彭越將兵居梁地，往來苦楚兵，絕其糧食。田橫往從之。項羽數擊彭越等，齊王信又進擊楚。項羽恐，乃與漢王約，中分天下，割鴻溝而西者爲漢，鴻溝而東者爲楚。項王歸漢王父母妻子，軍中皆呼萬歲，乃歸而別去。

項羽解而東歸。漢王欲引而西歸，用留侯、陳平計，乃進兵追項羽，至陽夏南止軍，與齊王信、建成侯彭越期會而擊楚軍。至固陵，不會。楚擊漢軍，大破之。漢王復入壁，深塹而守之。用張良計，於是韓信、彭越皆往。及劉賈入楚地，圍壽春，漢王敗固陵，乃使使者召大司馬周殷舉九江兵而迎武王，行屠城父，隨劉賈、齊梁諸侯皆大會垓下。立武王布爲淮南王。

（壽春）今壽州。

譯文 當此之時，彭越率領部隊駐扎在梁地，來回對楚軍進行騷擾，以斷絕楚軍的糧食。田橫前去歸附彭越。項羽數次進攻彭越等人，齊王韓信又帶兵攻伐楚軍。項羽惶恐，就和漢王相約，平分天下，劃分鴻溝以西的地方歸漢，鴻溝以東的地方歸楚。項王歸還了漢王的父母妻子，漢軍全部都高喊萬歲，楚軍告別漢軍回去了。

項羽解散隊伍向東歸去。漢王打算帶着部隊向西歸去，後來聽取了留侯、陳平的計謀，就進兵追擊項羽，一直到陽夏以南才收兵駐扎，和齊王韓信、建成侯彭越相約時間會合後再攻打楚軍。漢王來到固陵，韓信、彭越沒來會合。楚軍進攻漢軍，擊敗了漢軍。漢王再次進入營壘，加深壕溝然後進行防守。漢王采取了張良的計策，因此韓信和彭越都趕來會合。等到劉賈進到楚地，圍困壽春，漢王在固陵戰敗，就派出使者前往召見大司馬周殷，以全部的九江部隊去迎接武王黥布，黥布、周殷在進軍途中攻下并屠殺了城父。他們跟着劉賈和齊、梁的諸侯在垓下會和。漢王封武王黥布做淮南王。

原文 五年，高祖與諸侯兵共擊楚軍，與項羽決勝垓下。淮陰侯將三十萬自當之，孔將軍居左，費將軍居右，皇帝在後，絳侯、柴將軍在皇帝後。項羽之卒可十萬。淮陰先合，不利，郤。孔將軍、費將軍縱，楚兵不利，淮陰侯復乘之，大敗垓下。項羽卒聞漢軍之楚歌，以爲漢盡得楚地，項羽乃敗而走，是以兵大敗。使騎將灌嬰追殺項羽東城，斬首八萬，遂略定楚地。魯爲楚堅守不下。漢王引諸侯兵北，示魯父老項羽頭，魯乃降。遂以魯公號葬項羽穀城。還至定陶，馳入齊王壁，奪其軍。

正月，諸侯及將相相與共請尊漢王爲皇帝。漢王曰：『吾聞帝賢者有也，空言虛語，非所守也，吾不敢當帝位。』群臣皆曰：『大王起微細，誅暴逆，平定四海，有功者輒裂地而封爲王侯。大王不尊號，皆疑不信。臣等以死守之。』漢王三讓，不得已，曰：『諸君必以爲便，便國家。』甲午，乃即皇帝位氾水之陽。

皇帝曰義帝無後。齊王韓信習楚風俗，徙爲楚王，都下邳。立建成侯彭越爲梁王，都定陶。故韓王信爲韓王，都陽翟。徙衡山王吳芮爲長沙王，都臨湘。番君之將梅鋗有功，從入武關，故德番君。淮南

二人韓信將也。縱兵擊項羽也。以『縱』字爲絕句。孔將軍，蓼侯孔熙。費將軍，費侯陳賀也。

括地志云：『高祖即位壇在曹州濟陰縣界。』

王布、燕王臧荼、趙王敖皆如故。

譯文　五年，高祖與各諸侯的部隊一起進攻楚軍，和項羽在垓下決戰。淮陰侯帶兵三十萬抵擋正面，孔將軍帶兵在左翼策應，費將軍帶兵在右翼策應，皇帝帶兵居後，絳侯、柴將軍跟從在皇帝之後。項羽的部隊大約有十萬。淮陰侯率先和項羽交戰，失利，向後撤退。孔將軍、費將軍率兵出擊，楚軍戰況不利，淮陰侯又趁機反攻，在垓下擊敗項羽。項羽的士兵們聽到漢軍陣中的楚地歌聲，都以爲漢軍已經全部攻下了楚地，項羽就敗退逃走，因而楚軍大敗。漢王派遣騎兵將領灌嬰在東城追上并殺死項羽，斬殺士卒八萬，進而平定了楚地。魯縣人爲楚國固守城池，漢軍并未攻下。漢王率領諸侯的部隊向北進發，給魯縣的百姓看項羽的頭，魯縣這才投降。因此就以魯公的封

高祖大封功臣

號將項羽葬在穀城。漢王回師定陶，驅馬進入齊王的營壘，奪取了他的兵權。

正月，諸侯及將相們共同請求尊奉漢王做皇帝。漢王說：『我聽說皇帝的尊號，賢德之人才能擁有，空言虛語，徒有其名，不是這樣的人所能擁有的，我不敢承擔皇帝的尊位。』大臣們都說：『大王從貧民起事，誅除暴逆，平定天下，有功的就封賞土地封爲王侯。大王不稱皇帝的尊號，大家都會對自己的封號有疑慮。臣等都誓死堅持大王使用皇帝的尊號。』漢王再三辭讓，推辭不過，說：『諸位一定認爲這樣合適，對國家有利，我就做皇帝吧。』甲午，漢王在汜水以北登上皇帝位。

皇帝說義帝并無後代，齊王韓信對楚地的習俗較爲熟悉，就遷徙做了楚王，定都在下邳。封建成侯彭越做了梁王，定都在定陶。最初的韓王信仍被封爲韓王，定都陽翟。將衡山王吳芮遷徙爲長沙王，定都在臨湘。番君的將領梅鋗有戰功，跟從皇帝進入武關，皇帝對番君表示感謝。淮南王黥布、燕王臧荼、趙王張敖全都和之前一樣。

原文　天下大定。高祖都雒陽，諸侯皆臣屬。故臨江王驩爲項羽叛漢，令盧綰、劉賈圍之，不下。數月而降，殺之雒陽。

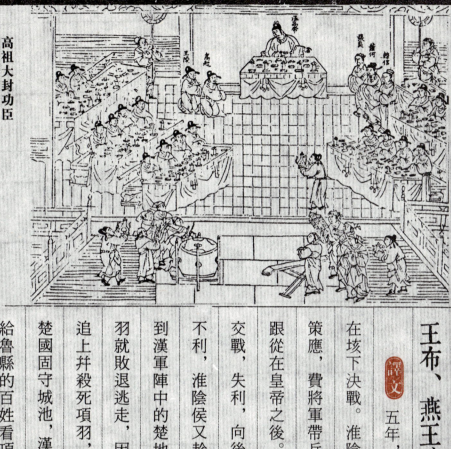

括地志云：『南宮在雒州雒陽縣東北二十六里洛陽故城中。輿地志云秦時已有南北宮。』

五月，兵皆罷歸家。諸侯子在關中者復之十二歲，其歸者復之六歲，食之一歲。

高祖置酒雒陽南宮。高祖曰：『列侯諸將無敢隱朕，皆言其情。吾所以有天下者何？項氏之所以失天下者何？』高起、王陵對曰：『陛下慢而侮人，項羽仁而愛人。然陛下使人攻城略地，所降下者因以予之，與天下同利也。項羽妒賢嫉能，有功者害之，賢者疑之，戰勝而不予人功，得地而不予人利，此所以失天下也。』高祖曰：『公知其一，未知其二。夫運籌策帷帳之中，決勝於千里之外，吾不如子房。鎮國家，撫百姓，給餽餉，不絕糧道，吾不如蕭何。連百萬之軍，戰必勝，攻必取，吾不如韓信。此三者，皆人傑也，吾能用之，此吾所以取天下也。項羽有一范增而不能用，此其所以爲我擒也。』

譯文

天下大致平定下來。高祖定都洛陽，諸侯全都成了高祖的屬臣。之前的臨江王共驩爲了項羽而起兵反叛漢，高祖下令讓盧綰、劉賈包圍共驩，沒能攻下。共驩堅持了幾個月就投降了，高祖在洛陽殺掉了共驩。

五月，士兵們都解甲回到家鄉。留在關中的諸侯國的士兵都免除徭役十二年，那些回到家鄉的士兵則免除徭役六年，發放糧食供養他們一年。

高祖在洛陽的南宮擺下酒宴。高祖說：『諸位諸侯和將領，都別瞞着我，全都說真心話。我之所以能取得天下，是因爲什麼呢？項氏之所以失掉天下又是爲什麼呢？』高起、王陵就回答說：『陛下性格傲慢且喜歡侮辱人，項羽心地仁厚且愛護別人。但是陛下派人攻打城池奪取土地，所招降和攻克的城池就封給他，和天下人同享利益。項羽卻嫉妒賢能，有功的人就陷害人家，賢能的人就懷疑人家，取得勝仗卻不論功行賞，奪得

任用三傑

漢高祖豁達大度，天下的士人都爲其所用，正因爲任用了張良、韓信、蕭何，所以最後戰勝了項羽稱霸天下。

幾音機。姓名也。項羽之將，爲陳縣令，降漢。高帝徵諸侯，利幾恐，故反。

蔡邕曰：『不言帝，非天子也。』

土地也不和人分利，這就是他爲什麼會失掉天下的緣故。』高祖說：『你們衹知其一，卻不知其二。在帷帳中運籌策劃，在千里以外取勝，我比不上子房。鎮守國家，撫慰百姓，供給糧餉，保證糧道不被阻斷，我比不上蕭何。統帥百萬大軍，戰則必勝，攻則必克，我比不上韓信。他們三個人，全都是人中的俊傑，我卻能夠任用他們，這才是我能夠獲得天下的原因所在。項羽雖然有一個謀士范增卻不會任用，這就是他被我擒殺的原因所在。』

原文

高祖欲長都雒陽，齊人劉敬說，及留侯勸上入都關中，高祖是日駕，入都關中。六月，大赦天下。

十月，燕王臧荼反，攻下代地。高祖自將擊之，得燕王臧荼。即立太尉盧綰爲燕王。使丞相噲將兵攻代。

其秋，利幾反，高祖自將兵擊之，利幾走。利幾者，項氏之將。項氏敗，利幾爲陳公，不隨項羽，亡降高祖，高祖侯之潁川。高祖至雒陽，舉通侯籍召之，而利幾恐，故反。

六年，高祖五日一朝太公，如家人父子禮。太公家令說太公曰：『天無二日，土無二王。今高祖雖子，人主也；太公雖父，人臣也。柰何令人主拜人臣！如此，則威重不行。』後高祖朝，太公擁篲，迎門卻行。高祖大驚，下扶太公。太公曰：『帝，人主也，柰何以我亂天下法！』於是高祖乃尊太公爲太上皇。心善家令言，賜金五百斤。

譯文

高祖打算長期定都在洛陽，齊人劉敬勸說高祖，留侯也勸說高祖將都城遷入關中，高祖當天就起駕入關，到關中建都。六月，高祖大赦天下。

十月，燕王臧荼起兵叛亂，攻克代地。高祖親自領兵攻打他，抓獲了燕王臧荼，接着就封太尉盧綰做了燕王。又派出了丞相樊噲統領部隊攻代。

當年秋天，利幾起兵反叛，高祖親自領兵去攻打他，利幾逃走。利幾曾是項氏的將領。項氏失利，利幾做了陳縣縣令，并未跟從項羽，逃出來投靠了高祖，高祖封他在潁川爲侯。高祖到了洛陽，根據所有通侯的名冊召集通侯，利幾也在其中，他十分惶恐，因此才起兵叛漢。

以言齊境闊不啻千里，故云『之外』也。

六年，高祖每隔五天就朝見一次太公，和普通百姓一樣跪拜行父子禮。太公家令勸說太公道：『天上幷無二日，地下也無二主，現在高祖儘管是你的兒子，可他還是百姓的君主；太公雖是高祖的父親，卻是臣下的身份。怎麼可以讓君主跪拜臣下呢？這樣的話，君主的威嚴和尊重就無法彰顯。』之後高祖朝見跪拜太公，太公懷抱掃帚，迎在門口，向後倒退着走。高祖非常驚訝，下車扶着太公。太公說：『皇帝是天下百姓的君主，怎麼可以因爲我就擾亂天下的法紀呢？』由此高祖就尊奉太公做了太上皇。高祖從內心欣賞家令的話，就賜給他黃金五百斤。

原文 十二月，人有上變事告楚王信謀反，上問左右，左右爭欲擊之。用陳平計，乃僞游雲夢，會諸侯於陳，楚王信迎，即因執之。是日，大赦天下。田肯賀，因說高祖曰：『陛下得韓信，又治秦中。秦，形勝之國，帶河山之險，懸隔千里，持戟百萬，秦得百二焉。地勢便利，其以下兵於諸侯，譬猶居高屋之上建瓴水也。夫齊，東有琅邪、即墨之饒，南有泰山之固，西有濁河之限，北有勃海之利。地方二千

里，持戟百萬，懸隔千里之外，齊得十二焉。故此東西秦也。非親子弟，莫可使王齊矣。』高祖曰：『善。』賜黃金五百斤。

後十餘日，封韓信爲淮陰侯，分其地爲二國。高祖曰將軍劉賈數有功，以爲荆王，王淮東。弟交爲楚王，王淮西。子肥爲齊王，王七十餘城，民能齊言者皆屬齊。乃論功，與諸列侯剖符行封。徙韓王信太原。

譯文 十二月的時候，有人上書告發楚王韓信要謀反。高祖問詢左右大臣的意見，大臣們都爭着想去進攻韓信。高祖聽取陳平的計策，就裝作巡游來到雲夢澤，在陳縣大會諸侯，楚王韓信前往迎接，就趁機抓住了他。當天，高祖大赦天下。田肯前來祝賀，勸說高祖道：『陛下抓住了韓信，又定都在了秦中。秦地是地理位置十分優越的地方，包含着阻山帶河的險境，和諸侯國相隔千里，持戟的武士可達百萬，秦要比別的地方好百倍。地勢有利，從此地出兵進攻諸侯，就像是高屋建瓴。那齊地，東面有琅琊、即墨的豐饒，南面包含着泰山的險固，西面是濁河的天然界限，北面有渤海魚鹽的有利條

件。土地方圓達兩千里，持戟武士達百萬，和各諸侯國也相隔千里之外，齊要比別的地方好十倍。因此這兩個地方可算是東秦和西秦。倘若不是陛下的親信子弟，不要讓他去齊地稱王。』高祖說：『不錯。』賜給他黃金五百斤。

之後十幾天，高祖封韓信做了淮陰侯，將他的封地分爲兩個國。高祖說將軍劉賈多次立下戰功，於是封他爲荊王，在淮東稱王。高祖的弟弟劉交做了楚王，在淮西稱王。高祖的兒子劉肥做了齊王，封給他七十多座城，百姓中能說齊地方言的都歸屬齊國。高祖就按照功勞大小，和列侯剖符爲信，進行封賞。將韓王信遷徙到了太原。

原文　七年，匈奴攻韓王信馬邑，信因與謀反太原。白土曼丘臣、王黃立故趙將趙利爲王以反，高祖自往擊之。會天寒，士卒墮指者什二三，遂至平城。匈奴圍我平城，七日而後罷去。令樊噲止定代地。立兄劉仲爲代王。

二月，高祖自平城過趙、雒陽，至長安。長樂宮成，丞相已下徙治長安。

漢儀注高祖六年，更名咸陽曰長安。三輔舊事扶風渭城，本咸陽地，高帝爲新城，七年屬長安也。

譯文　七年，匈奴來到馬邑進攻韓王信，韓王信和匈奴聯合在太原起兵叛亂。白土曼丘臣、王黃立當初的趙國將領趙利爲王，背叛漢朝，高祖親自帶兵前去討伐。正趕上天寒地凍，士兵中凍掉手指頭的十人中就有兩三個，終於來到平城。匈奴在平城圍攻高祖，七天後才撤軍離開。高祖命令樊噲留在原地以平定代地，并封哥哥劉仲做了代王。

二月的時候，高祖從平城出發路過趙地、洛陽，抵達長安。長樂宮已然建成，丞相之下的官員都遷到了新都長安。

原文　八年，高祖東擊韓王信餘反寇於東垣。蕭丞相營作未央宮，立東闕、北闕、前殿、武庫、太倉。高祖還，見宮闕壯甚，怒，謂蕭何曰：『天下匈匈苦戰數歲，成敗未可知，是何治宮室過度也？』蕭何曰：『天下方未定，故可因遂就宮室。且夫天子四海爲家，非壯麗無以重威，且無令後世有以加也。』高祖乃說。

括地志云：『柏人故城在邢州柏人縣西北十二里。漢柏人屬趙國。』

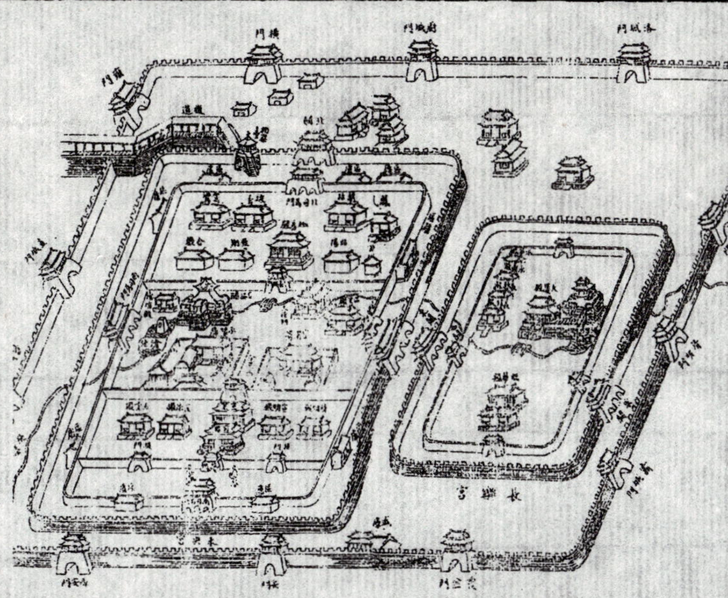
漢長樂未央宮

高祖之東垣，過柏人，趙相貫高等謀弑高祖，高祖心動，因不留。代王劉仲棄國亡，自歸雒陽，廢以爲合陽侯。

譯文 八年，高祖帶兵向東進發，在東垣進攻韓王信所剩不多的殘餘叛賊。蕭丞相修建了未央宮，修建了東闕、北闕、前殿、武庫、太倉。高祖歸來後，見到宮闕非常壯麗，十分生氣，對蕭何說：『天下動蕩不安，苦於戰事數年，成敗還并不明確，怎麽還能修建宮室豪華過度呢？』蕭何說：『天下并未安定，因此才趁着這個時機修建宮室。而且天子以天下爲家，宮室不夠壯觀華麗，就無法彰顯天子的尊重和威嚴，并且這也讓後世的宮室不能有所超過。』高祖這才高興。

高祖前往東垣，路過柏人，趙相貫高等人要謀殺高祖，高祖心有所動，因此并未在柏人停留。代王劉仲丟棄屬國逃了出來，私自回到洛陽，被貶爲合陽侯。

應劭曰：『鄉飲酒禮器也，受四升。』

原文 九年，趙相貫高等事發覺，夷三族。廢趙王敖爲宣平侯。是歲，徙貴族楚昭、屈、景、懷、齊田氏關中。

未央宮成。高祖大朝諸侯群臣，置酒未央前殿。高祖奉玉卮，起爲太上皇壽，曰：『始大人常以臣無賴，不能治産業，不如仲力。今某之業所就孰與仲多？』殿上群臣皆呼萬歲，大笑爲樂。

譯文 九年，趙相貫高等人謀劃刺殺高祖的事被發覺了，高祖殺掉了他們的三族。貶趙王張敖爲宣平侯。當年，遷徙楚國貴族昭氏、屈氏、景氏、懷氏和齊國貴族田氏來到關中。

未央宮竣工。高祖隆重地朝見諸侯和群臣，在未央宮前殿設下酒宴。高祖手捧着玉製的酒杯，站起來爲太上皇祝壽，說：『最初您總是以爲我是游手好閑的人，不能治理産業，比不上二哥勤快。現在我做成的事業和二哥比，誰更多呢？』大殿中的群臣都高喊萬歲，大笑着作樂。

原文 十年十月，淮南王黥布、梁王彭越、燕王盧綰、荆王劉賈、括地志云：『秦櫟陽故宮在雍州櫟陽縣北三十五里，秦獻公所造。三輔黄圖云高祖都長安，未有宫室，居櫟陽宫也。』

楚王劉交、齊王劉肥、長沙王吳芮皆來朝長樂宮。春夏無事。

七月，太上皇崩櫟陽宮。楚王、梁王皆來送葬。赦櫟陽囚。更命酈邑曰新豐。

八月，趙相國陳豨反代地。上曰：『豨嘗爲吾使，甚有信。代地吾所急也，故封豨爲列侯，以相國守代，今乃與王黄等劫掠代地！代地吏民非有罪也。其赦代吏民。』九月，上自東往擊之。至邯鄲，上喜曰：『豨不南據邯鄲而阻漳水，吾知其無能爲也。』聞豨將皆故賈人也，上曰：『吾知所以與之。』乃多以金啗豨將，豨將多降者。

譯文 十年十月，淮南王黥布、梁王彭越、燕王盧綰、荆王劉賈、楚王劉交、齊王劉肥、長沙王吳芮全都來到長樂宮朝見高祖。春夏并無大事。

七月，太上皇死在了櫟陽宮，楚王、梁王都前來送葬。高祖赦免了櫟陽的囚犯，將酈邑改名爲新豐。

八月，趙相國陳豨在代地起兵反叛。高祖說：『陳豨曾當過我的使者，十分有信用。代地是我很

看重的地方，所以才封陳豨做了列侯，以相國的名義駐守代地，現在他竟然和王黄這些人一起劫掠代地。代地的官員和百姓并沒有罪啊，赦免了代地的吏民吧。』九月，高祖親自帶兵向東前去進攻陳豨。來到邯鄲，高祖高興地說：『陳豨不向南進發去據守邯鄲，而僅憑漳水列陣，我就知道他是沒什麽能力的。』聽說陳豨的部將全都是昔日的商人，高祖說：『我知道應該如何對付這些人了。』於是就以黄金誘惑陳豨的部將，陳豨的將領很多都投降了。

原文 十一年，高祖在邯鄲誅豨等未畢，豨將侯敞將萬餘人游行，王黄軍曲逆，張春渡河擊聊城。漢使將軍郭蒙與齊將擊，大破之。太尉周勃道太原入，定代地。至馬邑，馬邑不下，即攻殘之。

豨將趙利守東垣，高祖攻之，不下。月餘，卒罵高祖，高祖怒。城降，令出罵者斬之，不罵者原之。於是乃分趙山北，立子恒以爲代王，都晉陽。

春，淮陰侯韓信謀反關中，夷三族。夏，梁王彭越謀反，廢遷

蜀；復欲反，遂夷三族。立子恢爲梁王，子友爲淮陽王。

秋七月，淮南王黥布反，東并荆王劉賈地，北渡淮，楚王交走入薛。高祖自往擊之。立子長爲淮南王。

譯文 十一年，高祖在邯鄲討伐陳豨等叛亂之人還未成功，陳豨部將侯敞率領一萬多人游擊作戰，王黄在曲逆駐軍，張春横渡黄河攻打聊城。漢派遣將軍郭蒙和齊國的將領帶兵出擊，大敗了叛軍。太尉周勃取道太原進軍，平定了代地。來到馬邑，没有攻克，接着攻打它直到城破人亡。

陳豨的部將趙利守衛東垣，高祖進攻東垣，没能攻下。一個多月後，叛軍士卒辱罵高祖，高祖非常氣憤。東垣投降，高祖命令交出辱罵自己的人斬首處死，没辱罵高祖的士兵就原諒了他們。高祖劃出趙國常山北邊的地方，封兒子劉恒爲代王，定都在晉陽。

春天，淮陰侯韓信在關中謀反，高祖處死了他的三族。夏天，梁王彭越起兵謀反，高祖廢去了他的封號，把他遷往蜀地。他再次反叛，就被處死了三族。高祖封兒子劉恢做了梁王，兒子劉友做了淮陽王。

秋天七月，淮南王黥布起兵反叛，向東進發吞并了荆王劉賈的封地，向北進發渡過淮水。楚王劉交逃到了薛縣。高祖親身帶兵前去攻打他，封兒子劉長做了淮南王。

原文 十二年，十月，高祖已擊布軍會甀，布走，令别將追之。

高祖還歸，過沛，留。置酒沛宫，悉召故人父老子弟縱酒，發沛中兒得百二十人，教之歌。酒酣，高祖擊筑，自爲歌詩曰：『大風起兮雲飛揚，威加海内兮歸故鄉，安得猛士兮守四方！』令兒皆和習之。高祖乃起舞，慷慨傷懷，泣數行下。謂沛父兄曰：『游子悲故鄉。吾雖都關中，萬歲後吾魂魄猶樂思沛。且朕自沛公以誅暴逆，遂有天下，其以沛爲朕湯沐邑，復其民，世世無有所與。』沛父兄諸母故人日樂飲極驩，道舊故爲笑樂。十餘日，高祖欲去，沛父兄固請留高祖。高祖曰：『吾人衆多，父兄不能給。』乃去。沛中空縣皆之邑西獻。高祖復留止，張飲三日。沛父兄皆頓首曰：『沛幸得復，豐未復，唯陛

應劭曰：『不醒不醉曰酣。一曰酣，洽也。』

下哀憐之。』高祖曰：『豐吾所生長，極不忘耳，吾特爲其以雍齒故反我爲魏。』沛父兄固請，乃并復豐，比沛。於是拜沛侯劉濞爲吳王。

漢將別擊布軍洮水南北，皆大破之，追得斬布鄱陽。

樊噲別將兵定代，斬陳豨當城。

譯文

十二年的十月，高祖已經在會甀打敗黥布的部隊，黥布逃了出去。高祖派出將領去追擊他。

高祖撤軍歸還，經過沛縣，就停下來，在沛宮設下酒宴，將昔日的朋友和父老子弟全都召來縱情吃喝，徵發沛中的兒童，得到一百二十人，教這些兒童唱歌。酒喝得痛快了，高祖擊打着筑琴，唱起自己作的一首詩：『大風吹起來啊雲彩飛揚，威名遍及海內啊回到故鄉，如何得到猛士啊守衛四方！』讓那些兒童都跟着學唱起來。高祖接着跳起舞，又感慨又傷懷，眼淚留下數行，對沛縣的百姓們說：『遠游之人總是思念故鄉。我雖然定都在關中，但將來死後，我的魂魄還會思念故鄉沛縣，而且我最初是以沛公的身份開始誅討暴逆，終於得到了天下。我就把沛縣當作我的湯沐邑，免除沛縣百姓的賦稅徭役，世世代代都不用再服徭役。』沛縣的父老兄弟、長輩婦女、舊日朋友每天快樂地飲酒，縱情歡愉，

敘說舊事，取笑作樂。過了十幾天，高祖打算離開，沛縣的百姓都執意挽留高祖。高祖說：『我的隨行人員太多，父兄們無法供養得起。』就這樣高祖動身離去了。沛縣百姓都傾城出動，來到城西敬獻牛、酒等禮物。高祖再次停留下來，搭好帳篷，痛飲三日。沛縣百姓們都叩着頭請求說：『沛縣有幸能夠得以免除賦稅徭役，您的家鄉豐邑卻還未獲准免除。萬望陛下可憐一下豐邑。』高祖說：『豐邑縣是我成長的地方，我絕不能忘記，我衹因爲豐邑人當初跟從雍齒而反叛我去幫助魏國，才不願意免除他們的徭役。』沛縣父兄們執意請求，高祖才答應一并免除豐邑的徭役，與沛縣相同。高祖由此封沛侯劉濞爲吳王。

漢軍將領在洮水的南北兩路分別追擊黥布的部隊，全都取得勝利，在鄱陽追上并殺掉了黥布。

樊噲另外帶着一支部隊平定了代地，在當城殺掉了陳豨。

原文

十一月，高祖自布軍至長安。十二月，高祖曰：『秦始皇帝、楚隱王陳涉、魏安釐王、齊緡王、趙悼襄王皆絕無後，予守冢各十家，秦皇帝二十家，魏公子無忌五家。』赦代地吏民爲陳豨、趙利所劫掠

審食其也。括地志云：『辟陽故城在冀州信都縣西三十五里，漢舊縣。』

過魯祀聖

據史料記載，高祖征討黥布得勝，路過曲阜的時候曾祭祀孔廟，顯示了他崇儒重道的精神。

者，皆赦之。陳豨降將言豨反時，燕王盧綰使人之豨所，與陰謀。上使辟陽侯迎綰，綰稱病。辟陽侯歸，具言綰反有端矣。二月，使樊噲、周勃將兵擊燕王綰，赦燕吏民與反者。立皇子建爲燕王。

高祖擊布時，爲流矢所中，行道病。病甚，呂后迎良醫，醫入見，高祖問醫，醫曰：『病可治。』於是高祖嫚罵之曰：『吾以布衣提三尺劍取天下，此非天命乎？命乃在天，雖扁鵲何益！』遂不使治病，賜金五十斤罷之。已而呂后問：『陛下百歲後，蕭相國即死，令誰代之？』上曰：

『曹參可。』問其次，上曰：『王陵可。然陵少戇，陳平可以助之。陳平智有餘，然難以獨任。周勃重厚少文，然安劉氏者必勃也，可令爲太尉。』呂后復問其次，上曰：『此後亦非而所知也。』

盧綰與數千騎居塞下候伺，幸上病愈自入謝。

譯文

十一月，高祖自討伐黥布的隊伍中趕回長安。十二月，高祖說：『秦始皇帝、楚隱王陳涉、魏安釐王、齊緡王、趙悼襄王全都絕嗣沒有後人，分別讓十戶人家看守他們的墳墓，秦始皇爲二十家，魏公子無忌爲五家。』代地那些被陳豨、趙利所脅迫的官吏及百姓，全都被赦免。陳豨的降將稱陳豨在反叛時，燕王盧綰派人來到陳豨這裏，一起陰謀策劃。高祖派出辟陽侯去迎接盧綰，盧綰告病不來。辟陽侯歸來後，詳細闡釋了盧綰的反叛已經顯出徵兆。二月，高祖派遣樊噲、周勃率領部隊進攻燕王盧綰，赦免了燕地的官員、百姓及參加謀反的人。封皇子劉建做了燕王。

高祖帶兵進攻黥布時，被流矢射中，行軍途中得病。病情很重，呂后請來名醫。醫生進去探望高祖，高祖就問醫生，醫生說：『病能夠治好。』高祖罵醫生說：『我從一個布衣平民，手持三盡劍得到

皇甫謐曰：『高祖以秦昭王五十一年生，至漢十二年，年六十二。』

丙寅葬，後四日至己巳，即立太子爲帝。有本脫『己』字者，妄引漢書云『己下』者，非。

《續前漢書平話・漢王分付呂后國事》

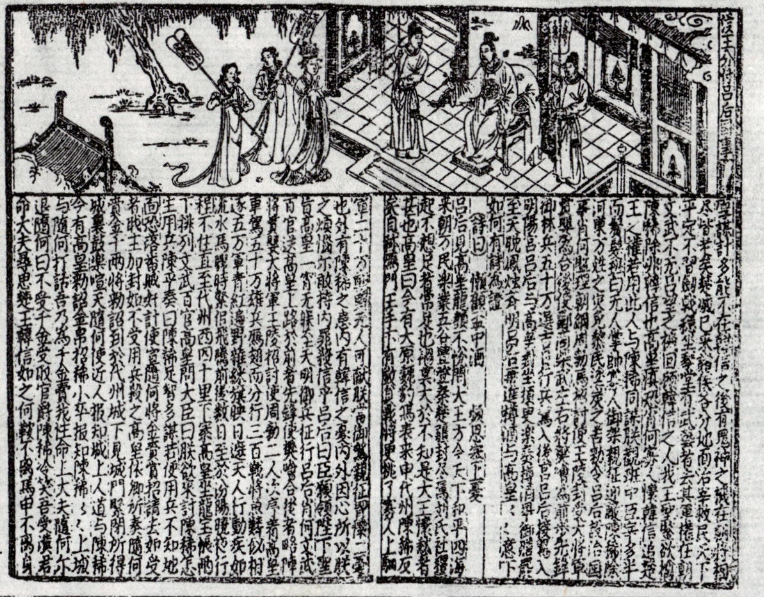

天下，這難道不是天命所在嗎？命由天定，即使有扁鵲，又能有什麼用處？」高祖於是沒有讓醫生治病，賞給他黃金五十斤，讓他走了。不久後呂后問高祖：「陛下百年之後，蕭相國倘若去世了，讓誰去代替他？」高祖說：「曹參能。」又問其次，高祖說：「王陵能擔任，但王陵稍有些憨直，陳平能夠協助他。陳平智慧雖有剩餘，但卻難以獨自擔任。周勃沉穩厚道，缺少才智，但能夠安定劉氏天下的人必定會是周勃，可以封他爲太尉。」呂后再問其次，高祖說：「這之後的事情不是你所能知曉的。」

盧綰帶着幾千名騎兵駐軍邊塞等着，期望高祖病愈，自己前去謝罪。

原文

四月甲辰，高祖崩長樂宮。四日不發喪。呂后與審食其謀曰：『諸將與帝爲編戶民，今北面爲臣，此常怏怏，今乃事少主，非盡族是，天下不安。』人或聞之，語酈將軍。酈將軍往見審食其，曰：『吾聞帝已崩，四日不發喪，欲誅諸將。誠如此，天下危矣。陳平、灌嬰將十萬守滎陽，樊噲、周勃將二十萬定燕、代，此聞帝崩，諸將皆誅，必連兵還鄉以攻關中。大臣內叛，諸侯外反，亡可翹足而待也。』審食其入言之，乃以丁未發喪，大赦天下。

盧綰聞高祖崩，遂亡入匈奴。

丙寅，葬。己巳，立太子，至太上皇廟。群臣皆曰：『高祖起微細，撥亂世反之正，平定天下，爲漢太祖，功最高。』上尊號爲高皇帝。太子襲號爲皇帝，孝惠帝也。令郡國諸侯各立高祖廟，以歲時祠。及孝惠五年，思高祖之悲樂沛，以沛宮爲高祖原廟。高祖所教歌二百二十人，皆令爲吹樂，後有缺，輒補之。

譯文　四月甲辰，高祖在長樂宮駕崩。過了四天仍沒有發喪。呂后與審食其商量說：『諸位將領與皇帝都是編戶平民，現在卻北面稱臣，心情自然怏怏不樂。而今侍奉着年少的皇帝，就更不會痛快，倘若不全部滅掉這些人，天下定然不安。』有人聽說這個消息，就向酈將軍說了。酈將軍前去面見審食其，說：『我聽到皇帝已然駕崩的消息，四天仍未發喪，是想殺掉將領們。要是果然這樣，天下就很危險了。陳平、灌嬰率領着十萬士兵駐守在滎陽，樊噲、周勃率領二十萬士兵平定燕地、代地，此時他們聽說皇帝駕崩，諸位將領都被殺掉，一定會聯合部隊回軍向關中進發。大臣在內叛亂，諸侯在外造反，天下傾覆幾乎可以翹足等待了。』審食其進到宮中將這些話和呂后說了，這才在丁未發喪，大赦天下。

盧綰聽到高祖駕崩的消息，就逃到了匈奴。

丙寅，高祖得以安葬，己巳，擁立太子爲皇帝，到達太上皇廟。衆大臣都說：『高祖從平民起兵，撥亂反正，安定天下，是大漢王朝的開國始祖，功勞最高。』上尊號定爲高皇帝。太子襲號成爲皇帝，就是孝惠帝。皇帝命令各郡及諸侯分別脩建高祖廟，每年按照時節進行祭祀。

高祖斬蛇

相傳秦末時，劉邦還衹是一個亭長。他在路上碰到一條大蛇，邦奮而斬之，斬蛇一帶草變爲赤色。後人附會爲赤帝之子殺了白帝之子而得天下。

等到孝惠帝五年，孝惠帝想起高祖回到沛縣時又悲傷又歡快的情景，就將沛宮當作高祖的原廟。高祖當初所教唱歌的兒童共一百二十人，都讓他們做了高祖原廟裏吹奏音樂的人員，之後一有缺額，就馬上補充。

原文　**高帝八男：長庶齊悼惠王肥；次孝惠，呂后子；次戚夫人子趙隱王如意；次代王恒，已立爲孝文帝，薄太后子；次梁王恢，呂太后時徙爲趙共王；次淮陽王友，呂太后時徙爲趙幽王；次淮南厲王長；次燕王建。**

譯文　高皇帝共有八個兒子：長子就是庶出的齊悼惠王劉肥；次子是孝惠帝，呂后所生的兒子；再次是戚夫人所生的兒

鄭玄曰：『忠，質厚也。野，少禮節也。』

子趙隱王劉如意；再次是代王劉恆，後來被擁立爲孝文帝，薄太后所生的兒子；再次是梁王劉恢，呂太后執掌朝政時徙他爲趙共王；再次是淮陽王劉友，呂太后時被徙爲趙幽王；再次是淮南厲王劉長；再次是燕王劉建。

原文 太史公曰：夏之政忠。忠之敝，小人以野，故殷人承之以敬。敬之敝，小人以鬼，故周人承之以文。文之敝，小人以僿，故救僿莫若以忠。三王之道若循環，終而復始。周秦之間，可謂文敝矣。秦政不改，反酷刑法，豈不繆乎？故漢興，承敝易變，使人不倦，得天統矣。朝以十月。車服黃屋左纛。葬長陵。

教子務學

漢高祖出身微寒，年少時不重視學問，登位之後深感學識不足給政事帶來的影響深遠。因此他對兒子曾有一番懇切的教誨，希望惠帝可以成爲一個優秀的君主，但從孝惠皇帝的生平來看，除了仁孝之外，他似乎沒有什么太值得誇耀的成績。

譯文 太史公說：夏朝時的政治質樸忠厚，質樸忠厚的缺點在於使黎民百姓粗野無禮，因此殷朝時的人就以恭敬的威儀來代替它。恭敬的威儀的缺點在於使黎民百姓信奉鬼神，因此周朝人就用講究禮儀來承繼它。講究禮儀的缺點在於使黎民百姓不再以誠相待，因此補救不再以誠相待的辦法最好就是以質樸忠厚爲政。夏、商、周三朝的治國之道似乎循環往復，終而復始。至於從周朝到秦朝這段時間，可以說講究禮儀的缺陷都暴露出來了。秦始皇嬴政沒有進行改變，反而讓刑法更加嚴酷，這難道不是在犯錯誤嗎？因此漢朝興起，雖然繼承了過去的缺陷，卻有所改變，令百姓不再疲倦，這是得到天道的規律了。漢朝規定每年的十月各諸侯王都要來到京城朝見皇帝。規定車服制度，皇帝的車駕都要以黃繒做蓋頂，車前橫木的左邊要豎立毛羽製做的幢。高祖被安葬在長陵。

賞析 《太史公自序》說：『子羽暴虐，漢行功德，憤發蜀漢，還定三秦，誅籍業帝，天下惟寧，改制易俗，作《高祖本紀》。』這是司馬遷創作本篇的基本宗旨。的確，在《高祖本紀》中，側重敘寫的是劉邦如何戰勝項羽，最後建立漢帝國的過程，同時也充分肯定了這位開國之君在統一天下過程中的重要作用。這種作用，是司馬遷運用鮮明、強烈的對比手法展示給讀者的。比如記敘項羽、劉邦兩支軍隊分兵入關中擊秦時，對項羽軍的行動是這樣描述的：『及項羽殺宋義，代爲上將軍，諸將黥布皆屬，破秦將王離軍，降章邯，諸將皆附。』使讀者看到的，衹是單純的軍事方面的成功，而寫劉邦軍，除了寫軍事策略外，還寫了劉邦的安民措施：『諸所達毋得掠鹵』，於是『秦人憙，秦軍解，因大破之』。一下子就把『沛公遂先諸侯至霸上』的重要原因突出出來了。這種對比又是從許多側面展開的。例如寫劉邦、項羽對待各路諸侯的策略。項羽一聽到有自立爲王的消息，便『大怒』，便『發兵』；而當劉邦聽到韓信自請立爲『假王』時，開始頭腦發熱，打算攻打韓信，但一經張良提醒，立刻轉變態度，『乃遣張良操印綬立韓信爲齊王』。在天下大亂，群雄逐鹿的形勢下，在爭取同盟者方面，又是劉邦高出一籌。

本篇還特別記下了劉邦在平定天下後所説那段膾炙人口的話：『夫運籌策帷帳之中，決勝於千里之外，吾不如子房。鎮國家，撫百姓，給饋餉，不絕糧道，吾不如蕭何。連百萬之軍，戰必勝，攻必取，吾不如韓信。此三者，皆人傑也。吾能用之，此吾所以取天下也。項羽有一范增而不能用，此其所以爲我擒也。』這是用人方面的對比。項羽剛愎自專，而劉邦則虛懷若谷，知人善任。正是通過這樣層層對比，逐層推進，從而揭示了楚漢之爭的必然結局。『不虛美』『不隱惡』，尊重歷史的『實錄』精神，是貫穿《史記》全書的基本原則。但本篇重在寫劉邦的成功，因此，那些表現劉邦人品其他方面的內容，諸如狡詐、虛僞、損人利己等等，則通過『互見』在其他篇章之中着力表現了，而在本篇卻未着力敘寫。但如細讀本篇，這些也有依稀流露，如寫高祖爲亭長，一老父爲其全家『看相』，老父告之『君相貴不可言』時，高祖聽後非常感激，并說：『誠如父言，不敢忘德。』但司馬遷緊接着橫加一筆，『及高祖貴，遂不知老父處』，僅此一筆意在不言中，卻體現了作者的褒貶傾向。

集評 【索隱述贊】高祖初起，始自徒中。言從泗上，即號沛公。嘯命豪傑，奮發材雄。彤雲鬱碭，素靈告豐。龍變星聚，蛇分徑空。項氏主命，負約棄功。王我巴蜀，實憤於衷。三秦既北，五兵遂東。氾水即位，咸陽築宮。威加四海，還歌大風。

徐廣曰：「呂后父呂公，漢元年爲臨泗侯，四年卒，高后元年追謚曰呂宣王。」

呂太后本紀

題解 《呂太后本紀》選自《史記》卷九，本紀第九。呂后名雉，字娥姁，是中國歷史上著名的女野心家。這篇本紀成功地塑造了呂后這樣一個殘忍刻毒、權欲熏心的亂政后妃的形象，詳細地記述了呂后篡權及其覆滅的過程。

原文 呂太后者，高祖微時妃也，生孝惠帝、女魯元太后。及高祖爲漢王，得定陶戚姬，愛幸，生趙隱王如意。孝惠爲人仁弱，高祖以爲不類我，常欲廢太子，立戚姬子如意，如意類我。戚姬幸，常從上之關東，日夜啼泣，欲立其子代太子。呂后年長，常留守，希①見上，益疏。如意立爲趙王後，幾代太子者數矣，賴大臣爭②之，及留侯策，太子得毋廢。

呂后爲人剛毅，佐高祖定天下，所誅大臣多呂后力。呂后兄二人，皆爲將。長兄周呂侯死事，封其子呂臺爲酈侯，子產爲交侯；次兄呂

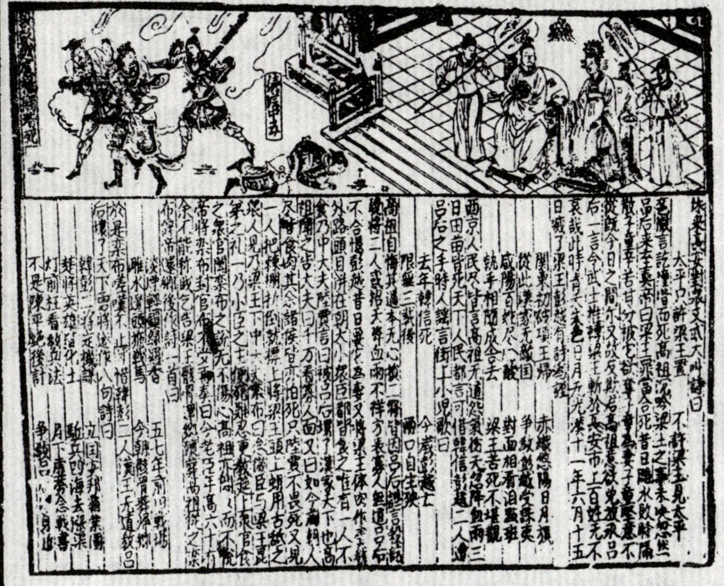

《續前漢書平話·呂后殺彭越》

釋之爲建成侯。

高祖十二年四月甲辰，崩長樂宮，太子襲號爲帝。是時高祖八子：長男肥，孝惠兄也，異母，肥爲齊王；餘皆孝惠弟，戚姬子如意爲趙王，薄夫人子恒爲代王，諸姬子子恢爲梁王，子友爲淮陽王，子長爲淮南王，子建爲燕王。高祖弟交爲楚王，兄子濞爲吳王。非劉氏功臣番君吳芮子臣爲長沙王。

注釋 ①希：同「稀」，少。②爭：同「諍」，諫諍，規勸。

譯文 呂太后是漢高祖身份低賤時候的妻子，她爲高祖

如淳曰：『列女傳云周宣王姜后脫簪珥待罪永巷，後改爲掖庭。』

生下孝惠帝和女兒魯元太后。等到漢高祖成爲漢王的時候，在定陶這個地方又娶了戚姬，高祖非常寵愛她，戚姬爲高祖生下趙隱王如意。孝惠帝爲人仁慈軟弱，高祖認爲他不像自己，總是想要廢掉太子，另立戚姬的兒子如意爲太子，因爲他認爲如意和自己的性格更加相似。戚姬受到寵幸，總是跟隨高祖前往關東，她在高祖面前日夜哭泣，希望高祖立自己的兒子爲太子，想要取代原來的太子。呂后年齡大了，經常留守在都城，很少見到高祖，夫妻關係更加疏遠。如意被封爲趙王後，有好多次差點取代了太子，幸虧大臣們爭相進諫，再加上留侯的計策，太子最終才沒有被廢掉。

呂后爲人剛強堅毅，曾經幫助高祖平定天下，高祖誅殺叛逆大臣多是得到呂后的幫助。呂后有兩個哥哥，都是漢朝的將領。大哥周呂侯戰死沙場，高祖封他的兒子呂臺爲酈侯，呂產爲交侯；二哥呂釋之被封爲建成侯。

高祖十二年四月二十五日，高祖在長樂宮駕崩，太子繼承帝號，登上帝位。這時候，高祖有八個兒子：長子劉肥，是孝惠帝的哥哥，與孝惠帝同父異母，被封爲齊王；其餘的都是孝惠帝的弟弟，戚姬的兒子劉如意被封爲趙王，薄夫人的兒子劉恆被封爲代王，其他姬妾生的兒子劉恢被封爲梁王，劉友被封爲淮陽王，劉長被封爲淮南王，劉建被封爲燕王。高祖的弟弟劉交被封爲楚王，哥哥的兒子劉濞被封爲吳王。非劉氏的功臣番君吳芮的兒子吳臣被封爲長沙王。

原文

呂后最怨戚夫人及其子趙王，乃令永巷囚戚夫人，而召趙王。使者三反，趙相建平侯周昌謂使者曰：『高帝屬臣趙王，趙王年少。竊聞太后怨戚夫人，欲召趙王幷誅之，臣不敢遣王。王且亦病，不能奉詔。』呂后大怒，乃使人召趙相。趙相徵至長安，乃使人復召趙王。王來，未到。孝惠帝慈仁，知太后怒，自迎趙王霸上，與入宮，自挾與趙王起居飲食。太后欲殺之，不得間。孝惠元年十二月，帝晨出射。趙王少，不能蚤起。太后聞其獨居，使人持酖飲之。犁①明，孝惠還，趙王已死。於是乃徙淮陽王友爲趙王。夏，詔賜酈侯父追謚爲令武侯。太后遂斷戚夫人手足，去眼，煇②耳，飲瘖藥，使居廁中，命曰『人彘』。居數日，乃召孝惠帝觀人彘。孝惠見，問，乃知其戚夫人，乃

《續前漢書平話·呂后殺趙王如意》

大哭，因病，歲餘不能起。使人請太后曰：『此非人所爲。臣爲太后子，終不能治天下。』孝惠以此日飲爲淫樂，不聽政，故有病也。

注釋 ①犁：通『黎』，等到。②煇：通『熏』，用火燒灼。

譯文 呂后最怨恨的人就是戚夫人和她的兒子趙王，於是呂后下令派人將戚夫人囚禁在永巷，又將趙王召來都城。使者來來回回走了幾次，趙相建平侯周昌對使者說：『高祖皇帝將趙王託付給我，現在趙王的年齡還太小。聽說太后對戚夫人心存怨恨，想把趙王召去一起殺死，我不敢送趙王去。況且趙王現在生病了，也不能奉詔前往。』呂后非常生氣，就派人召趙相來都城。趙相被召到長安後，呂后又派人去召趙王，趙王來了，還沒有到達都城。孝惠帝爲人仁慈敦厚，得知太后發怒後，親自到霸上迎接趙王，和趙王一起進宮，與趙王同食同住。太后想要殺死趙王，卻苦於找不到機會。孝惠帝元年十二月，孝惠帝早晨出去射獵。趙王年齡很小，不能早起。太后聽說趙王現在一個人，就派人拿着毒酒給他喝。等到天亮，孝惠帝回來的時候，趙王已經死了。於是孝惠帝將淮陽王劉友改封爲趙王。夏天的時候，孝惠帝下詔追封酈侯已經過世的父親爲令武侯。太后將戚夫人的手腳砍斷，又將她的雙眼挖掉，用火將她的耳朵熏聾，又給她喝了啞藥，把她扔到豬圈裏，起了個名字叫『人豬』。幾天後，又讓孝惠帝前去觀看人豬。孝惠帝看到後，向身邊人詢問，才知道這就是戚夫人，頓時放聲大哭起來，并且因此生了病，一年多不能下床，他派人去向太后請示說：『這不是人能做的事情。我是太后的兒子，可終究還是不能擔當治理天下的重任。』從此，孝惠帝每天飲酒玩樂，不去打理朝政之事，所以身患疾病。

原文 二年，楚元王、齊悼惠王皆來朝。十月，孝惠與齊王燕飲太后前，孝惠以爲齊王兄，置上坐，如家人之禮。太后怒，乃令酌兩卮

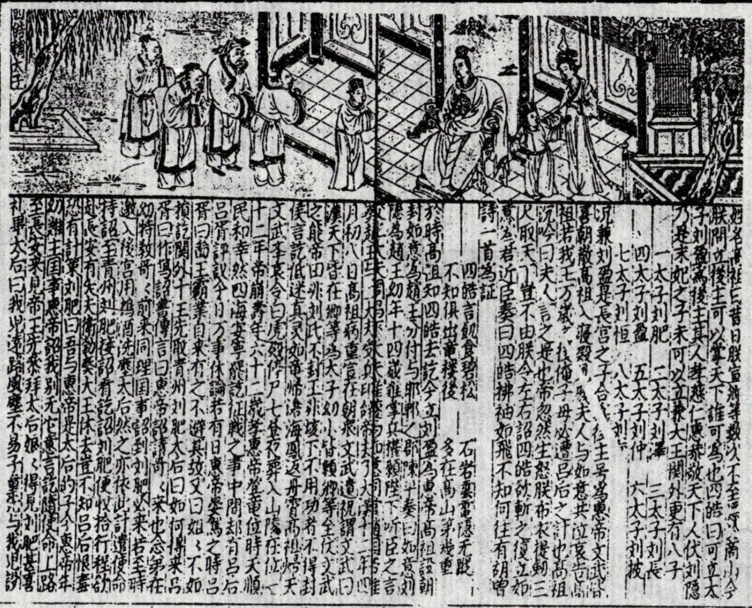

四皓輔太子

酖，置前，令齊王起爲壽。齊王起，孝惠亦起，取巵欲俱爲壽。太后乃恐，自起泛孝惠巵。齊王怪之，因不敢飲，詳醉去。問，知其酖，齊王恐，自以爲不得脫長安，憂。齊內史士說王曰：『太后獨有孝惠與魯元公主。今王有七十餘城，而公主乃食數城。王誠以一郡上太后，爲公主湯沐邑，太后必喜，王必無憂。』於是齊王乃上城陽之郡，尊公主爲王太后。呂后喜，許之。乃置酒齊邸，樂飲，罷，歸齊王。三年，方築長安城，四年就半，五年六年城就。諸侯來會。十月朝賀。

如淳曰：『張敖子偃爲魯王，故公主得爲太后。』

譯文

漢惠帝二年，楚元王、齊悼惠王都來朝見。十月的一天，孝惠帝和齊王在太后面前設宴飲酒，孝惠帝認爲齊王身爲兄長，按照尋常百姓家的禮節，理應安排在上排首位坐席。太后看後很生氣，就命人倒了兩杯毒酒，放在齊王前面，要齊王起來爲自己飲酒祝壽。齊王站起身來，孝惠帝也站了起來，拿過一個酒杯想要和齊王一起向太后祝壽。太后感到很驚慌，親自起身將孝惠帝杯子裏的酒倒掉。齊王感到很奇怪，就沒敢飲下這杯酒，假裝喝醉走開了。後來經過詢問，才知道那杯是毒酒。齊王很恐慌，以爲自己無法從長安成功脫身，心裏十分憂慮。齊國謀士勸慰齊王說：『太后衹生下孝惠帝和魯元公主兩個孩子。現在你擁有七十多座城邑，而公主才衹有數個城邑。假如你肯將一個郡獻給太后，作爲公主的湯沐邑，太后一定會很高興，齊王您必定就沒有什麼可憂慮的了。』於是齊王將自己的城陽郡獻給公主，并且尊崇公主爲王太后。呂后非常高興，答應了齊王的請求，就在齊王官邸擺酒設宴，痛痛快快地喝了一席酒，酒宴結束後，讓齊王返回了自己的封國。

三年，開始修築長安都城，四年，修建工程完成了一半，經過五年，到六年，才全部完工。諸侯齊聚都城。十月，諸侯向皇帝朝賀。

皇甫謐曰：『帝以秦始皇三十七年生，崩時年二十三。』

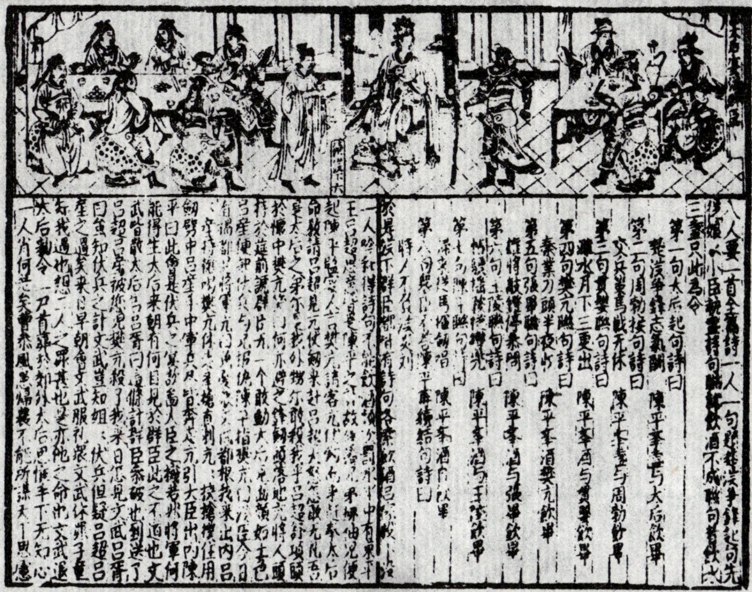

《續前漢書平話・呂太后宴群臣》

原文 七年秋八月戊寅，孝惠帝崩。發喪，太后哭，泣不下。留侯子張辟強爲侍中，年十五，謂丞相曰：『太后獨有孝惠，今崩，哭不悲，君知其解乎？』丞相曰：『何解？』辟強曰：『帝毋壯子，太后畏君等。君今請拜呂臺、呂產、呂祿爲將，將兵居南北軍，及諸呂皆入宮，居中用事，如此則太后心安，君等幸得脫禍矣。』丞相乃如辟強計。太后說，其哭乃哀。呂氏權由此起。乃大赦天下。九月辛丑，葬。太子即位爲帝，謁高廟。元年，號令一出太后。

譯文 七年秋天八月十二日，孝惠帝駕崩。舉行喪禮的時候太后哭了，卻沒流下眼淚。留侯的兒子張辟強做侍中，當時衹有十五歲，他對丞相說：『太后衹有孝惠帝這麼一個兒子，現在駕崩了，她哭得并不悲傷，你知道其中的原因嗎？』丞相說：『是什麼原因？』張辟強說：『皇帝沒有成年的兒子，太后懼怕你們這些手握重權的大臣。你現在請太后任命呂臺、呂產、呂祿爲將軍，統帥南北軍，衹有呂氏一幫人都進入朝廷，在朝廷中掌握實際大權之後，你們這些大臣才能僥幸脫難啊。』丞相按照張辟強說的去做了。太后非常滿意，她的哭聲這才悲痛起來。從此，呂氏的權勢開始崛起，對天下實行大赦。九月五日，安葬了孝惠帝。太子即位做了皇帝，拜謁高祖的陵廟。少帝元年，朝廷的所有號令都是由太后發出的。

原文 太后稱制，議欲立諸呂爲王，問右丞相王陵。王陵曰：『高帝刑白馬盟曰「非劉氏而王，天下共擊之」。今王呂氏，非約也。』太后不說。問左丞相陳平、絳侯周勃。勃等對曰：『高帝定天下，王子弟，今太后稱制，王昆弟諸呂，無所不可。』太后喜，罷朝。王陵讓陳平、絳侯曰：『始與高帝啑[1]血盟，諸君不在邪？今高帝崩，太后女主，欲王呂氏，諸君從欲阿意背約，何面目見高帝地下？』陳平、絳侯曰：『於今面折廷爭，臣不如君；夫全社稷，定劉氏之後，君亦不如臣。』王陵無以應之。十一月，太后欲廢王陵，乃拜爲帝太傅，奪之相權。王陵遂病免歸。乃以左丞相平爲右丞相，以辟陽侯審食其爲左丞相。左丞相不治事，令監宮中，如郎中令。食其故得幸太后，常用事，公卿皆因而決事。乃追尊酈侯父爲悼武王，欲以王諸呂爲漸。

四月，太后欲侯諸呂，乃先封高祖之功臣郎中令無擇爲博城侯。魯元公主薨，賜謚爲魯元太后。子偃爲魯王。魯王父，宣平侯張敖也。封齊悼惠王子章爲朱虛侯，以呂祿女妻之。齊丞相壽爲平定侯。少府延爲梧侯。乃封呂種爲沛侯，呂平爲扶柳侯，張買爲南宮侯。

注釋

①啑：同『歃』。

譯文

太后代皇帝行使職權，想要商議封呂氏子弟爲王，呂后先向右丞相王陵詢問。王陵說：『高祖皇帝殺白馬和大臣們盟誓說：「不是劉氏子弟而稱王的，天下人一起消滅他。」現在您想要封呂氏子弟爲王，這是與高祖皇帝的盟誓相違背的。』太后很不高興。又向左丞相陳平、絳侯周勃詢問這件事情。周勃等人回答說：『高帝平定天下的時候，封子弟爲王，現在太后臨朝稱制，封弟兄和呂氏子弟爲王，并沒什麼不可以的。』太后高興起來，退朝回到寢宮。王陵責備陳平、絳侯說：『當初我們曾經和高帝歃血爲盟，難道你們不記得了嗎？現在高帝駕崩了，太后一個女子掌握朝政，想要封呂氏子弟爲王，你們縱使想要阿諛逢迎，也不能背棄盟誓啊，否則死後有什麼顏面去九泉之下見高帝呢？』陳平、絳侯說：『如果論今天在太后面前公開反對，當朝力爭，我們不如你；但是要說到保全國家匡扶社稷，安定劉氏後代的君王地位，你就不如我們了。』王陵聽後，沒有什麼話好應對的。十一月的時候，太后想要罷免王陵，就任命他爲皇帝的太傅，剝奪了他的丞相職權。於是，王陵衹能稱病，免官回家。呂后任命左丞相陳平爲右丞相，任命辟陽侯審食其爲左丞相。左丞相不負責管理政務，衹是負責監督宮中的事情，如同郎中令一樣。所以，審食其深受太后寵幸，經常能夠參與政務，公卿大臣的很多重要事情都依靠他來決定。接着又追封酈侯的父親爲悼武王，打算以此作爲封呂氏子弟爲王的開端。

注釋 ①風：通『諷』，用含蓄的話暗示。

譯文 太后想要讓呂氏的子弟稱王，她先封孝惠帝後宮所生的兒子劉強爲淮陽王，劉不疑爲常山王，劉山爲襄城侯，劉朝爲軹侯，孝惠帝的兒子劉武爲壺關侯。太后在暗中試探大臣們的心意，於是大臣請求封酈侯呂臺爲呂王，太后欣然應允。建成康侯呂釋之去世，襲封的兒子有罪，被廢黜了，太后封他的弟弟呂祿爲胡陵侯，以繼承康侯的世系。二年，常山王劉不疑去世，他的弟弟襄城侯劉山繼承劉不疑成爲常山王，改名劉義。十一月的時候，呂王呂臺死了，追封謚號爲肅王，太子呂嘉代立爲王。三年，沒有什麼重大的事情發生。四年，呂后封呂嬃爲臨光侯，封呂他爲俞侯，封呂更始爲贅其侯，封呂忿爲呂城侯，此外她又封了五個諸侯丞相。

宣平侯的女兒還是孝惠皇后的時候，沒有生下兒子，就假裝自己懷孕，抱來一個美人所生的兒子，把他當作自己生的兒子，并將孩子的母親殺死了，這個孩子之後被立爲太子。孝惠帝駕崩後，太子即位成爲皇帝。皇帝漸漸長大，得知自己的親生母親已經死了，自己并不是皇后的兒子，便說出這樣的話：『母后爲什麼要殺死我的親身母親而將我當作她的兒子？我現在還沒有長大，等我長大了就一定要發動叛變。』太后得知這些話，感到深深的憂慮，擔心皇帝叛變自己，就將他幽禁在永巷宮中，對外稱皇帝生病，病得很厲害，就連皇帝身邊的近身侍臣也看不到皇帝。太后說：『凡是能夠治理萬民百姓，擁有天下的人，如同蒼天一樣覆蓋一切，如同大地一樣容納萬物，皇帝懷有歡愛之心來安撫百姓，百姓能夠高興地侍奉皇帝，彼此感情欣然交融，天下就能大治。現在皇帝久病不愈，已經到了迷惑昏亂的地步，不能再繼續做皇帝，無法再來奉祀宗廟，不能再讓他來治理天下，應該找人來替代他。』大臣們都伏地叩頭說：『皇太后爲了天下蒼生的利益，爲了讓宗廟社稷安定，考慮深遠，我們這些大臣全體叩頭，聽候您的詔令。』皇帝就這樣被廢除了，太后派人暗中殺害了他。五月十一日，立常山王劉義爲皇帝，改名叫弘。皇帝即位，沒有改年號稱元年，這是因爲皇太后執掌天下。太后任命軹侯劉朝爲常山王。在朝中設置太尉這一官職，任命絳侯周勃爲太尉。五年八月，淮陽王劉強去世，封他的弟弟壺關侯劉武爲淮陽王。六年十月，太后認爲呂王呂嘉平日爲人驕橫放縱，就將他廢掉了，任命肅王呂臺的弟弟呂產爲呂王。夏天的時候，大赦天下。封齊悼惠王的兒子劉興居爲東牟侯。

原文 **七年正月，太后召趙王友。友以諸呂女爲受后，弗愛，愛他**

姬，諸呂女妒，怒去，讒之於太后，誣以罪過，曰：『呂氏安得王！太后百歲後，吾必擊之』。太后怒，以故召趙王。趙王至，置邸不見，令衛圍守之，弗與食。其群臣或竊饋，輒捕論之，趙王餓，乃歌曰：『諸呂用事兮劉氏危，迫脅王侯兮強授我妃。我妃既妒兮誣我以惡，讒女亂國兮上曾不寤。我無忠臣兮何故棄國？自決中野兮蒼天舉直！於嗟不可悔兮寧蚤自財①。爲王而餓死兮誰者憐之！呂氏絕理兮託天報仇。』丁丑，趙王幽死，以民禮葬之長安民冢次。

己丑，日食，晝晦。太后惡之，心不樂，乃謂左右曰：『此爲我也。』

二月，徙梁王恢爲趙王。呂王產徙爲梁王，梁王不之國，爲帝太傅。立皇子平昌侯太爲呂王。更名梁曰呂，呂曰濟川。太后女弟呂嬃有女爲營陵侯劉澤妻，澤爲大將軍。太后王諸呂，恐即崩後劉將軍爲害，乃以劉澤爲琅邪王，以慰其心。

注釋　①財：通『裁』。

譯文　七年正月，太后召趙王劉友來都城。劉友娶了呂氏的女兒爲王后，但是卻并不喜歡她，而寵愛其他的姬妾。這個呂氏的女兒心懷嫉妒，生氣地離家出走，跑到太后那裏說自己丈夫的壞話，誣告他犯了罪，說趙王說過『呂氏怎麼能封王？太后百歲仙逝以後，我一定會消滅他們』。太后勃然大怒，所以將趙王召來都城。趙王來到都城之後，將他安置在官邸，太后不接見他，衹是命令衛士將他圍困起來，也不給他任何東西吃。他的群臣有人偷偷給他送飯吃，被發現就抓來論罪。趙王飢餓難耐，就唱起歌來：『諸呂專權啊，劉氏家族危在旦夕！脅迫王侯啊，硬要我娶呂氏女兒爲妃。我妃嫉妒啊，誣蔑我犯了罪。讒女亂國啊，那高高在上的人竟然不能醒悟。我身邊沒有忠臣啊，否則我又怎麼會失去自己的封國？在荒野中自殺啊，蒼天可一定要還我公道！嗚呼！沒有辦法後悔啊，不如早點刎頸自裁。身爲王卻被活活餓死啊，有誰能夠憐憫我？呂氏無理啊，我衹能拜託上天爲我報仇。』十八日，趙王被幽禁致死，采用普通百姓的禮儀將趙王埋葬在長安百姓的墳墓旁邊。

三十日，天空發生日食，白天十分昏暗。太后厭惡這種現象，心裏很不高興，就對左右隨從人員

皇甫謐曰：『合葬長陵。』皇覽曰：『高帝、呂后，山各一所也。』

比音如字。比，猶頻也。趙隱王如意，趙幽王友，趙王恢，是三趙王也。

恐怕要伺機發動叛亂。你們一定要掌管好軍隊，保衛好皇宮，千萬不要給我送喪，不要爲人所挾制。』八月一日，高后去世，留下詔書賞賜諸侯王每人一千斤黃金，將、相、列侯、郎吏都按照位次賞賜黃金。大赦天下。任命呂王、呂產爲相國，以呂祿的女兒爲皇后。

高后埋葬好以後，左丞相審食其擔任皇帝的太傅。

原文 朱虛侯劉章有氣力，東牟侯興居其弟也。皆齊哀王弟，居長安。當是時，諸呂用事擅權，欲爲亂，畏高帝故大臣絳、灌等，未敢發。朱虛侯婦，呂祿女，陰知其謀。恐見誅，乃陰令人告其兄齊王，欲令發兵西，誅諸呂而立。朱虛侯欲從中與大臣爲應。齊王欲發兵，其相弗聽。八月丙午，齊王欲使人誅相，相召平乃反，舉兵欲圍王，王因殺其相，遂發兵東，詐奪琅邪王兵，并將之而西。語在齊王語中。

齊王乃遺諸侯王書曰：『高帝平定天下，王諸子弟，悼惠王王齊。悼惠王薨，孝惠帝使留侯良立臣爲齊王。孝惠崩，高后用事，春秋高，

聽諸呂，擅廢帝更立，又比殺三趙王，滅梁、趙、燕以王諸呂，分齊爲四。忠臣進諫，上惑亂弗聽。今高后崩，而帝春秋富，未能治天下，固恃大臣諸侯。而諸呂又擅自尊官，聚兵嚴威，劫列侯忠臣，矯制以令天下，宗廟所以危。寡人率兵入誅不當爲王者。』漢聞之，相國呂產等乃遣潁陰侯灌嬰將兵擊之。灌嬰至滎陽，乃謀曰：『諸呂權兵關中，欲危劉氏而自立。今我破齊還報，此益呂氏之資也。』乃留屯滎陽，使使諭齊王及諸侯，與連和，以待呂氏變，共誅之。齊王聞之，乃還兵西界待約。

譯文 朱虛侯劉章有氣概有勇力，東牟侯劉興居是他的弟弟，他們都是齊哀王的弟弟，居住在長安。在那個時候，呂氏家族行事獨斷專行，想要作亂，但他們畏懼昔日高帝的大臣絳侯、灌嬰等人，最終沒有發動叛亂。朱虛侯的妻子是呂祿的女兒，所以，朱虛侯暗中了解他們的陰謀，他擔心自己會被殺害，就派人暗中告訴他的哥哥齊王，想讓他發兵西進，誅殺呂氏子弟繼而自立爲帝。朱虛侯想要

在長安城中和大臣們做齊王的内應。齊王想要發兵，他的丞相不肯聽令。八月二十六日，齊王想要派人暗殺齊國丞相，沒想到丞相召平反叛，準備舉兵圍攻齊王，齊王乘機殺死了他的丞相，接着發兵東進，采用欺詐的方法奪取了琅琊王的軍隊，兩支軍隊都在齊王的帶領下向西進軍。這件事記載在《齊悼惠王世家》中。

齊王寫信給諸侯王說：『高帝平定天下，分封各子弟爲王，悼惠王被封在齊地爲王。悼惠王去世後，孝惠帝命令留侯張良立我爲齊王。孝惠帝駕崩，高后管理政事，她年事已高，誤信呂氏一伙人的意見，擅自廢棄皇帝另立新帝，同時還接二連三地殺死了三個趙王，廢除了梁國、趙國、燕國，用來封呂氏子弟爲王，齊國也被瓜分爲四份，忠臣進言勸誡，高后迷惑昏亂，竟然不肯接受。現在高后去世，而當今皇帝年齡尚幼，不足以治理天下，衹有憑借各位大臣、諸侯。而呂氏家族利用職位之便，擅自聚集軍隊，以顯示他們的威嚴，他們脅迫列侯忠臣，假傳皇帝之令號令天下，所以劉氏宗廟現在已危在旦夕。我帶領軍隊到朝廷去鏟除那些不應當爲王的人。』漢朝廷得知這一消息，相國呂產等人就命令潁陰侯灌嬰率領軍隊去與齊王戰鬥。灌嬰到了滎陽，就找人商量說：『呂氏家族控制了關中的軍

隊，想要消滅劉氏而自立爲皇帝。假如我現在打垮齊國的軍隊回關中復命，這樣做就是更加壯大了呂氏家族的勢力。』所以灌嬰在滎陽屯兵，并派使者給齊王和各國諸侯帶去口諭，想要同他們結盟，等呂氏家族叛亂的時候，共同除掉呂氏家族。齊王聽到這個消息後，立即將軍隊重新撤回到齊國的西部邊界，靜候消息，按照事先約定好的行事。